IMPERATRIZ POR UM DIA

BIANCA LANCIA ESPÍRITO
MÉDIUM LEILA BRANDÃO

IMPERATRIZ POR UM DIA

ROMANCE ESPÍRITA

Direitos de publicação cedidos pela autora ao
Instituto Lachâtre
Caixa Postal 164 – cep 12914-970 – Bragança Paulista – sp
Telefone: 11 4063-5354
Página na internet: www.lachatre.org.br
E-mail: editora@lachatre.org.br

Capa
Fernando Campos

1ª edição – Abril de 2018
Do 1º ao 2.000º exemplar

Impresso na Assahi Gráfica e Editora Ltda.

Impresso no Brasil
Presita en Brazilo

CIP-Brasil. Catalogação na fonte
Sindicato Nacional dos Editores de Livros, RJ

Imperatriz por um dia / Leila Brandão (médium); Bianca Lancia (espírito). Bragança Paulista, SP: Instituto Lachatre, 2018, 1ª edição.

176 p.

ISBN: 978-85-8291-063-4

1. Espiritismo. 2. Romance espírita. 3. Federico II da Itália. 4. História da Itália. I.Título.

CDD 133.9 CDU 133.7

Dedico este trabalho à minha amiga muito querida, Marly Gutierrez, que me conferiu a honra de saber a heroica vida de sua filha, na presente encarnação. Mexeu tão profundamente com a minha sensibilidade que preparou o campo psíquico ideal para que Bianca, a personagem principal deste livro, pudesse nos contar a sua história, também fascinante e comovente!

Dedico também ao meu marido, José Luiz Brandão, que me levou para o sul da Itália, revivendo comigo toda a ambiência desta incrível história.

SUMÁRIO

MENSAGEM DE BIANCA

Il dolore è necessario? Sì! Perché il dolore è un processo naturale di legge per andare avanti e superare l'ignoranza.[1]

Bianca Lancia

VOCÊ, UM SER INTELIGENTE como eu, imortal, divino, deve estar se perguntando qual seria a utilidade de se falar do passado. Por que relembrar feitos de séculos atrás e, diga-se de passagem, nem sempre admiráveis? Que importância poderia ter essa informação hoje, quando o mundo está acelerado em direção ao progresso tecnológico? Quais informações do passado seriam relevantes e capazes de trazer melhores momentos para o ser encarnado na Terra? Aparentemente pode parecer que o homem da atualidade devesse prescindir das experiências passadas e dedicar-se inteiramente aos projetos do futuro. Mas afirmo-lhe, amigo(a), que emocionalmente o *homo sapiens* ainda está engatinhando rumo ao essencial da vida, ou seja, à descoberta de si mesmo e de seu potencial mental. Nós somos, queiramos ou não, uma humanidade solidária, onde as histórias estão todas interligadas. Os meus

[1] A dor é necessária? Sim! Por que a dor é um processo natural da lei para avançarmos e vencermos a ignorância.

erros foram os seus erros e os meus acertos também os seus. Exorcizar essa personalidade que movimentei no passado, através deste livro, vai mexer com a sua sensibilidade e fará com que também jogue fora os fantasmas que teimam em atormentar sua presente existência.

Não tem fantasmas? Sim, todos têm. É como chamamos os impulsos aprendidos em vidas passadas e que se manifestam sutilmente na existência presente. Pode ter certeza de que, depois desta caminhada comigo, vai concordar que toda escolha tem consequência a curto ou a longo prazo. Escolhas coerentes com as leis de amor de Deus resultam em alegrias infindáveis para a alma, enquanto que as escolhas fundamentadas no egoísmo e no orgulho trazem como resultado a dor. Mas nada, nada mesmo, acontece ao acaso; todos os acontecimentos, mesmo aqueles que geram dor, têm grande significado. Vai perceber que as ações humanas se repetem de formas semelhantes, em diferentes sociedades e séculos, porque resultam de condicionamentos milenares aprendidos ao longo da evolução. Assim, conquistas coletivas e individuais se mesclam. As ações individuais muitas vezes repetidas, não só em uma mesma existência, mas em muitas, geram um aprendizado, tornam-se alicerces do mundo psíquico individual, fazendo com que a individualidade nasça e renasça repetindo os mesmos equívocos, compondo a partitura das escolhas coletivas equivocadas. Enquanto não se tomar consciência desses quistos mentais, estarão no comando esses condicionamentos perversos. Claro que nem todos são ruins, mas o progresso moral tem acontecido muito lentamente.

Depois de ler esta pequena parte da minha história, você entenderá a urgência de falarmos ao coração de todas as pessoas que vivenciam a modernidade com a sua corte de angústia. Também compreenderá a verdadeira natureza humana, que em síntese revela que a alma imortal é herdeira de si mesma. E, além disso, a possibilidade que todos temos de viajar pelo espaço sem os limites do tempo!

Falar ao coração não é ignorar a razão, mas usar do bom senso para examinar racionalmente as questões da alma humana.

"As aves dos céus têm seus ninhos, as serpentes, os seus covis, mas o filho do homem não tem onde reclinar a sua cabeça". Lembra-se destas fortes palavras do Mestre? Ao filho do homem, Deus reservou os segredos infindáveis da Sua criação. Assim, progredir não é só expandir a inteligência, mas essencialmente expandir a consciência de si mesmo e sua visão de mundo.

A minha última encarnação, uma curta existência, foi em terras brasileiras, e tenho um enorme carinho por esta nação, embora o meu coração tenha marcas indeléveis da doce e inesquecível Itália. Afinal, o planeta Terra tem sido a nossa morada há milênios e o desapego às divisas faz parte do crescimento espiritual da individualidade. O meu guia espiritual, que hoje está encarnado na Terra, não se cansa de repetir aos meus ouvidos: "cresça, Bianca, cresça"!

Para finalizar, deixo-lhe no idioma que tenho hoje maior familiaridade:

"Naitre, moura, renaitre ancore et cess sans progress segnala est la loi". Questa esortazione suona familiare?[2]

Bianca Lancia

---

[2] "Nascer, morrer, renascer ainda e progredir sem cessar, tal é a lei". Esta exortação é-lhe familiar?

PREFÁCIO

Conheci Leila em pleno trabalho doutrinário. Frequentávamos o Centro Espírita Ivon Costa, em Juiz de Fora, nos primeiros anos da década de 1980, quando nos encontramos em uma palestra pública, numa quinta-feira à tarde.

Simpatizamo-nos rapidamente um com o outro e, a partir daí, fomos construindo uma consistente e continuada parceria em atividades voltadas para a divulgação do espiritismo.

Alguns anos depois, mais precisamente no início de 1986, em reunião em sua casa, no bairro Vale do Ipê, reunimos um grupo de grandes amigos e irmãos de ideal para consolidarmos a fundação de mais uma casa espírita em Juiz de Fora, cujas atividades haviam sido iniciadas anos antes, sob a orientação da estimada irmã Suely Caldas Schubert.

Naquele dia, a reunião, também sob os cuidados de Suely, permitiu que os espíritos amigos apresentassem seus estímulos ao início formal dos trabalhos na nova casa, que atualmente segue próspera em nossa cidade natal.

Os destinos de um núcleo de trabalhos sob a diretriz da codificação kardequiana levam seus trabalhadores a se dedicarem a uma ampla frente de serviços no bem, como, por exemplo, a evangelização infanto-juvenil, os serviços assistenciais, a divulgação do conhecimento espírita e também o planejamento e execução dos trabalhos mediúnicos. Nesse sentido, participamos juntos, eu e Leila, de inúmeras reuniões mediúnicas, durante longos anos de trabalho anônimo e disciplinado.

Tendo Suely como nossa orientadora, mais experiente e profunda conhecedora do assunto, nós aprendemos muito sobre as responsabilidades inerentes a essa prática doutrinária.

Na sequência dessa trajetória, Leila seguiu adiante em seus esforços pessoais, fundando mais uma casa espírita em Juiz de Fora – o Instituto Espírita León Denis –, ampliando seu grupo de amigos e irmãos de trabalho no ideal do bem.

No calor de uma amizade marcada sobretudo por uma grande confiança, inclusive na partilha de sonhos e aspirações de nossas vidas pessoais, fomos nos tornando parceiros de caminhada na cultura, na arte do aprendizado musical, no estudo de línguas estrangeiras e na convivência com seus filhos muito queridos.

Mesmo depois de vários anos afastados pelos caminhos profissionais, que nos levaram a viver em cidades distantes (eu, em São José dos Campos; ela, em Volta Redonda e no Rio de Janeiro), pudemos nos acompanhar nas escolhas e caminhos seguidos por nossas famílias e, de vez em quando, reencontramo-nos para resgatar os laços de partilha e afinidade.

Com o passar do tempo, pude perceber em Leila uma estudiosa bastante dedicada ao conhecimento da doutrina. E é com essa percepção que passei a conhecer sua nova produção literário-mediúnica que, com este livro, chega a sua segunda obra publicada.

Se você, leitor, gosta de conhecer a fundo os bastidores ocultos da história, esta é uma ótima oportunidade de aprofundamento nas vivências político-religiosas dos primeiros séculos do segundo milênio: artimanhas secretas de homens gananciosos em busca de poder, arranjos perversos de exploração da figura feminina, tratada de forma submissa e a serviço de interesses sexuais dos poderosos da época, tudo mostrado de forma clara, sem reservas, pelo espírito que orientou as reflexões da médium.

Durante a leitura desta obra, lembrei-me de uma reflexão constante do livro *Seareiros de volta*, coletânea de mensagens recebidas pelo médium Waldo Vieira (FEB, 1965). Escrita pelo espírito Albano do Couto, a mensagem intitulada "Os fantasmas da mente" afirma que, dentre todas as provas humanas em que sucumbem os tarefeiros mais promissores, três existem mais graves e mais frequentes: o abuso da autoridade, o envilecimento do sexo e a paixão do dinheiro.

Pois foi exatamente esse trio perverso que notei, ao ler o livro aqui prefaciado. Autoridades em desvario enlouquecido pelo poder; homens e mulheres usufruindo de forma equivocada de seus direitos ao prazer do sexo, transformando-o em fim, e não em meio; a busca desenfreada de enriquecimento, através de conquistas escusas de territórios e de conluios familiares, sempre em busca de mais e mais poder e influência.

No fim de tudo, ficam as impressões deixadas por um espírito simples, que há séculos vem repercutindo os efeitos de ter trilhado as vias perigosas da riqueza e do poder transitórios, revelando que, tanto na opulência quanto na pobreza, o que vale e o que fica são aquelas pequenas e nobres atitudes de desapego, de comprometimento com causas elevadas, de anônimas ações de amor e de respeito ao próximo.

Espero que você, ao ler estas páginas, se identifique com as personagens centrais desta trama, retirando destes enredos recursos para refletir de maneira adequada sobre o encaminhamento que vem dando à própria vida.

Talvez essa seja a razão de um espírito querer narrar seus dramas em um trabalho como este. Possivelmente Bianca, do interior de suas reflexões, esteja querendo nos dizer: "percebam os detalhes de minhas vivências e não façam igual. Aprendam com o que conto aqui e sigam caminho diferente. Escolham a liberdade de optar por caminhos mais adequados ao bem, do que os que me levaram a assumir as consequências dos equívocos que me vejo agora compelida a resgatar."

É isso. Espero que façam uma boa leitura. Se, ao final, cada um se conhecer um pouco mais e tiver a própria vida em suas mãos, tenho para mim que os objetivos das autoras terão sido alcançados.

Carlos Abranches
(São José dos Campos, outono de 2012)

INTRODUÇÃO

Se non comprendete l'infinito stesso, per voi sarà difficile vivere con il lato finito della vita.[3]

Bianca Lancia

Depois de muitos encontros com a espiritualidade através do grupo mediúnico, um espírito, através de um dos médiuns da reunião, deixou-nos um recado de forma simbólica e romântica. Ele desenhou um campo de orquídeas e colocou um foco de luz em apenas uma delas, dizendo que aquela orquídea representava a minha pessoa, que estava no seu momento de despertar. Intitulou o quadro desenhado de "O Despertar da Orquídea". Escreveu, em seguida, que, a partir daquele dia, eu deveria reservar um tempo para entrar em contato sistemático com os espíritos, além do tempo dedicado àquela reunião. Fiquei comovida com o recado, porque imediatamente veio-me à lembrança a figura amorosa de meu pai explicando a razão do meu nome. Disse-me que, ao escolhê-lo, havia se inspirado no nome de uma orquídea – e esse amigo não poderia saber disso, porque

[3] Se tu não compreendes a própria infinitude, difícil será para ti conviveres com o lado finito da vida.

o meu nome de registro, Lélia (inspirado no nome da orquídea Laelia), é diferente do nome que utilizo, que é o de batismo. Teria sido um recado do meu pai? Eu não o posso afirmar, mas o recado estava dado. (Já contei essa história no primeiro livro psicografado, *A memória e o dom*.)

Assim, organizei-me para todas as quartas-feiras, das dez às doze horas, colocar-me à disposição de um novo trabalho orientado pelos espíritos. Foi nesse espaço, em muitas quartas-feiras, que escrevi o livro *A memória e o dom* e também *Estranho condomínio*.

Com o tempo, descobri que poderia me conectar com os espíritos também em outros dias da semana, o que me deixou muito feliz e ao mesmo tempo vigilante, para não ser enganada por espíritos mistificadores. Então, estabeleci com o meu guia espiritual um código mental em que, todas as vezes que me fosse possível ter duas horas disponíveis além das quartas-feiras, eu o acionava através do código combinado. Fantástico! Deu certo. Valeu a nossa dedicação durante tantos anos de treinamento! Os meus amigos da atual profissão, os parapsicólogos, chamam a esses contatos de simples fenômeno paranormal: um poder mental, uma viagem pelo meu subconsciente. Os psiquiatras talvez chamassem de delírio ou esquizofrenia, e algum poeta dissesse heterônimo... Mas que importa o nome que se dê? Eles são reais. Mas as descobertas não terminaram aí.

Os contatos sempre aconteciam primeiramente em uma espécie de sonho, o que nós chamamos de "sonhar acordado". E dessa vez não foi diferente. Certa noite, uma pequenina mulher, que inspirou este livro, buscou-me durante o sono físico. Interessante é que eu tinha consciência de estar fora do corpo e de que, quando acordasse, seria capaz de lembrar o ocorrido, como das outras vezes. Bianca, a pequena mulher, amparada por dois amigos, falou-me que ficaria muito feliz se eu pudesse contar a sua história. A primeira impressão que tive dela não era de uma mulher que diríamos ser bonita, na concepção de beleza que aprendemos; ao contrário, poderíamos dizer que era feia, tinha os olhos amendoados muito juntos, grossas sobrancelhas e nariz comprido afunilado. Ela inclusive afirmou que era conhecida como a Imperatriz Feia. Mas depois deixou dúvidas sobre essa concepção de beleza, porque seus olhos refletiam uma expressão suave e muito leve, trazendo harmonia e bem-estar. Não seria essa a verdadeira beleza? Além disso, dava-me a estranha sensação de familiaridade.

Escrevi freneticamente toda a sua história, como se temesse perder algum detalhe dos milhares de dados relatados. E aí sobreveio o segundo despertar, alcançado pela contribuição da minha filha, que é jornalista. Depois que Ângela, minha filha, leu a incrível história de Bianca Lancia d'Agliano, disse-me ter tido um *insight* (são suas as palavras): "Ao ler os seus escritos sobre a Bianca, cheguei à conclusão de que ela lhe passou a sinopse ou, melhor dizendo, o 'argumento' do seu livro. Mas não é à toa que ela pediu que VOCÊ escrevesse... Veja, não tem nenhum diálogo ainda, nenhuma estrutura. Acho que a expectativa do espírito era mesmo pedir-lhe que transformasse o que ela disse em livro. E, por isso, ela escolheu uma escritora – não só uma médium!"

Fazia sentido tudo que Ângela dizia, exceto considerar-me uma escritora, porque, embora goste muito de escrever, acho que estou iniciando nesta estrada para ser chamada como tal. Mas parece certo que os espíritos desejam mesmo que eu treine para esse trabalho, porque a mensagem do primeiro espírito que me visitou naquele tipo de sonho, cuja história foi revelada no primeiro livro psicografado, começou a sua abordagem dizendo: "Eu sou a memória e você é o dom". Só agora, depois da contribuição da Ângela, pude entender, juntando as duas coisas, o que realmente os espíritos desejam de mim: querem que a minha paixão pela escrita possa ajudá-los a contar as suas histórias. Fico muito feliz e honrada com a confiança que eles têm depositado em mim e convido você, leitor(a), a compartilhar essas incríveis experiências.

Bianca transformou-se em uma amiga, uma companhia frequente nas tardes ou nas manhãs de silêncio e trabalho. E, ao mesmo tempo, uma inquietação. Especialmente porque, ao pesquisar sobre o que ela contava, descobri que os personagens descritos de fato existiram. As nuances do que ela contou são difíceis de confirmar, quase um milênio depois. Mas uma coisa posso assegurar-lhes: a história que começa nas próximas páginas é baseada em fatos e personagens reais... E se, a partir de agora, passo a contá-la na primeira pessoa, é porque será Bianca a assumir o fio condutor dessa história.

Delírio? Fantasma íntimo? Desejo do inconsciente? Programações do subconsciente? Julgue você, leitor(a), mas quero que saiba que, antes de qualquer coisa, Bianca é uma mulher e, na existência que nos relatou, sofreu muito; uma mulher que não se aquietou enquanto não percebeu o meu empenho em relatar sua história naquela existência, em que as escolhas feitas repercutem ainda hoje em sua vida.

Leila Brandão

MOMENTO SUPREMO

I

Fantasia e realtà si fondono quando la mente cosciente dorme.[4]

Bianca Lancia

O ENTARDECER DO ANO 1244 estava escuro. O castelo Fiorentino, na região italiana de Apúlia, propriedade do imperador Federico II de Hohenstaufen, entre tantas outras, se preparava para um cerimonia fúnebre. É de se perguntar porque o quarto casamento de Sua Majestade poderia ter se tornado uma cerimônia fúnebre...

As pedras maceradas pelo tempo, que formavam as escadarias do enorme castelo conduzindo ao salão principal, falavam das lutas, das grandes disputas dos reis e imperadores que nos governavam. Naquela região, misturavam-se poucas montanhas, imensos bosques e o mar com um azul mais profundo do que as papoulas de abril! As montanhas davam uma estranha magia a cada entardecer, trazendo sombras de melancolia aos jardins enfeitados pelas bulbosas floridas; os bosques, por sua vez, falavam os segredos da natureza, impondo

[4] A fantasia e a realidade se misturam quando a mente consciente adormece.

os sons dos animais selvagens e dos pássaros cantantes do amanhecer; o mar... Ah!, que saudades do mar! Embora precisássemos de alguns quilômetros para alcançá-lo, sabíamos da sua parceria com o vento para trazer noticias da grandeza de Deus. Os meus olhos, cansados de chorar, descansavam nas imagens que tinha retido em minha mente do vai e vem das ondas e da resistência heroica dos penhascos. Muitas vezes achei que havia me tornado como aqueles penhascos...

Puglia, como nós chamávamos a Apulia, era uma das mais belas regiões da Itália, onde a caça era abundante e o solo, fértil. Fazia limites ao sul com o mar Jônico e, a oeste e ao norte, com o mar Adriático. Desde os tempos do império romano, a região tinha sido batizada com esse nome.

O Castelo Fiorentino, meu lar e prisão, era um dos mais portentosos castelos dessa região. Situado na zona rural de Torremaggiore, a cerca de treze quilômetros do pequeno povoado, fora construído no topo da mais alta colina da região.[5] O seu tamanho era tanto que poderia ser uma cidadela à parte, tal a sua grandiosidade. Conhecido como a cidade real, possuía uma catedral, uma área urbana e, a oeste, o '*Palatium*' (palácio) Imperador.

---

[5] Visitei as ruínas desse castelo e, ainda hoje, você sobe muito para chegar à mais alta colina da região, onde se encontra a cidade chamada Torremaggiore, que se eleva sobre um pequeno planalto, entre vinhas, oliveiras e hortas. Sua origem remonta ao ano 1000, quando uma aldeia denominada Terra Maggiore pertencia ao feudo da vizinha abadia beneditina de S. Pedro. Em 1627, foi destruída pelo catastrófico terremoto que flagelou o Alto Tavoliere. Em Fiorentino, Federico II ditou suas últimas vontades em seu leito de morte. (Nota da médium)

Muitos reis e imperadores estrangeiros tentaram se apossar de tão grandiosa propriedade, especialmente os árabes e bizantinos, sem terem sucesso. Federico era um homem extremamente forte e influente; com o seu exército de homens bem preparados, não perdia nenhuma batalha. Apesar de tudo isso, o seu castelo preferido não era o Fiorentino, que herdara de sua família real, mas o que ele veio a construir mais tarde.

Recordando esses dias de luz e sombras, quatro anos haviam se passado em que Federico II estava inteiramente voltado para a sua nova paixão: o Castelo do Monte.

Ele o construiu para as suas caçadas e recolhimento, onde, além da atividade de caçador, poderia se encontrar com as suas muitas mulheres nas festas que organizava com o poder financeiro conquistado. Todo aquele sucesso financeiro em grande parte era resultado das inúmeras vitórias alcançadas, nas 'guerras santas', comandando as cruzadas.

O novo castelo fora construído a fim de causar clamor em seus amigos e inveja em seus inimigos. Era uma verdadeira obsessão de Federico a sua construção. Seus muitos amigos e inimigos ficaram impressionados em perceber que o castelo não possuía estruturas de defesa. E ele orgulhosamente explicava que não era um castelo com fins militares, e sim para lazer pessoal. Contratou grandes desenhistas para chegar ao formato final de seus sonhos e realizar uma construção inigualável. O castelo foi erigido a quinhentos metros de altura sobre a colina de Andria. Ele gostava de se sentir como um Deus, acima de qualquer mortal, e por isso buscava os mais altos montes para construir os seus castelos. Por isso, assim como o Fiorentino, buscou também a maior colina para a construção do Castelo do Monte.[6]

A nave central tinha o formado octogonal, em torno da qual existiam oito salas e oito torres do mesmo formato. Vários estilos arquitetônicos foram utilizados, reunindo, entre outros, o requinte e a simplicidade da forma romana, mesclados com a exuberância gótica e clássica do traçado islâmico. O prédio ficou conhecido como Castelo do Monte, onde Federico realizou todos os seus sonhos de grande guerreiro e exímio dominador, sobretudo revelando-se insaciável no uso da sua sexualidade.

O formato do Castelo talvez tenha sido inspirado pelo seu grande amigo astrólogo Guido Bonatti, porque, embora Federico não fosse um homem religioso, era muito místico e acreditava em seu amigo estudioso das estrelas, que lhe ensinara que a forma octogonal lhe permitiria receber notícias do cosmos. Essa forma octogonal era considerada pelos povos antigos como geometria sagrada. Em contato com a magia das estrelas, ele acreditava que seria ainda mais forte e invencível a sua coroa. Até porque o oito era também o símbolo da coroa.

Ele gostava quando alguém o comparava ao garanhão andaluz,[7] seu cavalo preferido. Tinha coleção de cavalos dessa raça, porque viajava muito naquela inquietação obsessiva de conquistar e realizar grandes feitos para se tornar um ser imortal, um verdadeiro Deus!

Em cada salão do castelo, decorado com relevos em mármore grego e pedras preciosas, tinha sempre uma ou

---

[6] NOTA DA MÉDIUM: Visitei o Castelo do Monte e a sua subida é simplesmente fantástica. Ele pode ser avistado a quilômetros de distância.

[7] Raça de cavalo importada da Espanha.

mais mulheres, escolhidas pelo corpo esbelto e seios fartos, aguardando o seu imperador. Ele poderia escolher em qual salão entrar e de quais das mulheres poderia se servir e oferecer também aos seus asseclas. Associava o luxo à luxuria.

Gastou uma grande fortuna na construção do portal de entrada para que o castelo se assemelhasse a um templo, ostentando o seu poder, que imaginava ser divino. Dizia para todo mundo que aquele era um templo de um só Deus: ele mesmo! Pura vaidade!

Que ilusão o mundo alimenta na alma humana! A fama, o poder, o dinheiro são coisas que só têm valor quando se está encarnado na Terra. O despertar se torna bastante trabalhoso e até mesmo de muita dor quando esses valores são priorizados!

Além de ser um portal magnífico, Federico mandou grafar um enorme 'F' nele, deixando a sua assinatura de autoidolatria. Ele fazia jus aos boatos que se tinha sobre a sua força e coragem. Cheguei a imaginar que ele pudesse ser um desses "anjos das trevas" que fazia pacto com Satanás para nunca morrer. Para destacar a sua força, colocou dois enormes leões logo na entrada do castelo. Só o rei dos animais poderia representar a sua liderança e realeza. Quando falava aos seus soldados, enfatizava o simbolismo dos leões para exaltar a si mesmo. Quando não estava nas lutas, estava nesse castelo.

Ao chegar a primavera de 1244, achou importante encontrar-se comigo no castelo de Fiorentino para apaziguar a sua consciência. Sentia-se perseguido por uma promessa que havia feito à marquesa de Busca, minha nobre mãe, e que ainda não havia cumprido. Depois da morte da marquesa, que era certamente uma de suas amantes preferidas, sentiu-se vazio e atormentado.

Será que a marquesa teria sido mesmo a sua amante preferida ou era o meu ciúme que alimentava essa ideia? Hoje penso que a segunda hipótese é a mais provável, porque tinha muitos ciúmes da minha mãe. Já não sinto tanta culpa por isso, porque compreendi melhor a razão de tudo o que passamos. A magia da vida é a sequência dos fatos dentro das leis imutáveis de Deus. Ninguém burla essas leis e, por isso, podemos afirmar que a natureza não dá saltos.

Ouvia-se o murmúrio das conversas palacianas, onde as pessoas diziam que a amante favorita do imperador havia exigido o casamento dele com a sua filha para que o seu neto preferido, Manfredo, se tornasse herdeiro do imperador.

A atmosfera do quarto estava pesada e a minha respiração deficiente. Aos trinta e nove anos, conseguia com muita dificuldade acompanhar a movimentação das pessoas. Os representantes da igreja, devidamente paramentados e regiamente remunerados pelo imperador, deram inicio à homilia. Nos momentos cruciais da vida, a mente deixa passar, como em um filme, todo caminho percorrido – e assim acontecia comigo: as lembranças iam se sucedendo, como um catavento ao sabor da ventania, girava e girava à revelia do meu querer, de forma incontrolável. Revia tudo, nos mínimos detalhes, e sofria milhares de vezes todas as decepções e descaminhos...

As dores iam tomando proporções insuportáveis e pedia a minha madrinha que amenizasse aquelas lembranças tão fortes que machucavam com mais vigor a minha alma. Todas as amas que me acompanhavam conheciam a minha história. Não totalmente, mas a que eu e minha mãe havíamos permitido que elas conhecessem. Sabiam que eu chegara até ali com o grande esforço e influência da grande e maravilhosa Bianca de Maletta, a minha poderosa mãezinha. Ela. Sempre ela! Havia morrido misteriosamente, dormindo, e todos tinham acompanhado o meu enorme sofrimento.

– Lá vem ela! A minha mãe! Tirem-na daqui! Ela quer me matar! – era a voz que ecoava da minha garganta dorida!

Nesses momentos finais daquela minha existência, as pessoas que me rodeavam se assustavam e não compreendiam o meu delírio. Como uma filha poderia estar sendo perseguida pelo fantasma da própria mãe? A verdade é que me sentia perseguida pela figura de minha mãe e só eu sabia a razão daquelas cenas dantescas. Eu a via se aproximar, resoluta, em minha direção, com aquele reluzente punhal a enterrar com toda sua força em meu peito. E gritava sem piedade em meus ouvidos: "Ingrata! Ingrata!". Tudo era muito real; cheguei a pensar que as pessoas ao meu redor também a viam e ouviam. As dores eram lancinantes!

O ar se tornava a cada momento mais escasso. Suores abundantes molhavam os meus cabelos. Eu repetia muitas vezes todas aquelas angustiosas palavras, já com a voz cansada e aterrorizada!

Todas as mulheres que me acompanhavam, vestidas de bege escuro, quase negro, corriam apressadas a me colocar compressas frias no peito e na fronte, ao mesmo tempo em que abanavam os meus cabelos com aqueles estranhos abanadores de plumas trazidos de presente pelas cruzadas do oriente. Diziam em coro: "Pobrezinha! Como sofre!"

O meu sempre ausente amante imperador, atendendo a horríveis sonhos que passou a ter também com a minha mãe, decidiu casar-se comigo porque interpretava os seus pesadelos com se fossem avisos da marquesa de Paletta, em que, se ele deixasse a sua filha morrer como uma concubina sem valor, iria certamente para o fogo dos infernos e ela não lhe daria paz. Ela, sempre ela! Ele temia a força da minha mãe. Dizia que ninguém tinha feitiço tão forte quanto o dela. Além disso, tinha um especial afeto por Manfredo, nosso filho. Ele achava o meu filho muito parecido com a minha mãe e não comigo. Às vezes, dava a entender que ele não era meu filho, e sim da minha mãe.

Restavam-me poucos dias de vida, estava consciente disso. O cerimonial estava preparado e meu filho seria finalmente reconhecido como principal herdeiro do imperador Federico II de Hohenstaufen.

Dessa forma, posso dizer que tive também algum momento de glória: vi o grande imperador Federico ajoelhado ao lado da minha câmara de tortura, segurando as minhas mãos e proferindo as inolvidáveis palavras: "Eu, Federico II de Hohenstaufen, aceito como legítima esposa, Bianca Lancia e, como filho legítimo, o seu filho Manfredo, que doravante será meu herdeiro". Isto justificou toda a minha misérrima existência.

Dando prosseguimento à cerimônia, era importante a apresentação do *dotatio*, o entendimento sobre o dote devidamente registrado pelo representante legal do clero. Foi um casamento não canônico, porque o senhor meu marido havia sido excomungado por ter contrariado o papa e o nosso concubinato era de domínio público. Mas quem poderia se contrapor à vontade do imperador?

As últimas frases proferidas pelo sumo sacerdote soaram como música aos meus ouvidos: "*Quoad Deus coniunxit homo non separet*".[8]

Todos os assistentes aplaudiam e gritavam "viva a imperatriz Bianca Lancia d'Agliano, doravante imperatriz de Hohenstaufen, imperatriz de Roma"!

Contra tudo e contra todos, os sonhos da minha mãe se realizaram, porque lá estava eu imperatriz. Imperatriz por um dia!

---

[8] O que Deus uniu o homem não separa.

ONDE TUDO COMEÇOU

II

Oggi ringrazio i dolori del mio cammino,
perché so che la mia anima è stata purificata.[9]
Bianca Lancia

O TEMPO ESTAVA ÚMIDO e muito frio. A colônia romana chamada de Augusta Taurinorum falava do mais importante nascimento local. A marquesa de Busca estava estirada em sua cama, aguardando a hora de mostrar ao mundo o seu primeiro filho. Todos ansiavam que fosse um menino, o maior desejo do marquês de Busca.

Bianca de Maletta tornou-se marquesa de Busca e pretendia presentear o seu ilustre marido com um filho. Mulher forte e determinada, esperava que o nascimento ocorresse rápido a fim de que, com a chegada do senhor Manfredo, o marquês de Busca, este pudesse se alegrar com o seu herdeiro. Contam que, quando nasci e a minha mãe percebeu que era menina, chorou muito de decepção, mas não era mulher de se deixar vencer, gritando para todos ouvirem: "farei dessa menina uma rainha! Eu juro! Honrará o meu nome! Se chamará Bianca"!

---

[9] Hoje agradeço as dores da minha vida, porque sei que minha alma foi purificada.

Vou contar-lhe exatamente como tudo começou. Nasci no ano de 1205. Essa colônia tornou-se muito importante graças ao poder do influente clã dos Savóia. Hoje, a antiga Augusta é mais conhecida como Torino ou Turim e continua localizada na rica região de Piemonte, a noroeste da Itália. Aos "pés dos montes" (Piemonte) era a referência usada para definir o nome da minha querida província, onde, por força da localização, aprendia-se a conviver com a umidade e o frio. A região era muito montanhosa e cortada por inúmeros rios, formadores de extensos vales. A drenagem fácil do terreno, permitida pelos rios, como também a abundância de sol favoreciam o cultivo das uvas. Os invernos rigorosos eram inesquecíveis e faziam contraste com o verão quente e castigado pelas tempestades de granizo que, muitas vezes, comprometiam os parreirais.

Fui batizada com o nome de Bianca Lancia d'Agliano. Bianca Lancia, nome da família Lancia da região da Sicília, família do meu pai, e sobrenome d'Agliano em homenagem a Sant'Andréa d'Agliano.

Piemonte era domínio do conde Amadeu IV de Savóia. A família Savóia, de origem francesa, desfrutava de muito prestígio e poder entre os nobres e o clero.

Já moçoila, lembro-me de que, nessa época, a região tinha uma extraordinária importância e era conhecida como o reino do Piemonte Sardenha, um reino que teve o seu aparecimento a partir da casa de Savóia. Em uma negociação, a família Savóia cedeu a ilha de Piemonte em troca da Sicília.

A minha mãe contava, naqueles dias de muitas descobertas, que d'Agliano era o nome de um antigo centurião romano, fundador da vila e da igreja com o mesmo nome daquela região, hoje chamada Perúgia. D'Agliano era um importante nome dado à igrejinha que, em torno do século X, havia sido recuperada pelos monges beneditinos. No começo ela tinha sido batizada com o nome de Santo Angelo d'Agliano e se localizava próxima às margens do rio Tibre. Santo Ângelo era muito venerado pelos seus milagres. No entanto, no ano de 1057, todos da vila foram informados de que o então papa Estevão IX passou a chamar a igreja de Sant' Andrea d'Agliano, mas ninguém sabia explicar muito bem a razão daquela mudança. As ordens papais não eram questionadas. Talvez ele tivesse uma devoção especial por santo Andréa.

A Igreja Católica exercia grande poder político, econômico, jurídico e social, por ser detentora de muitas terras e muito dinheiro. Influenciava nas decisões mais importantes dos reis e imperadores, participava ativamente na elaboração das leis e ditava as normas e padrões de comportamento para a sociedade. Só os filhos de nobre estudavam, exceto as mulheres. Mesmo as mulheres nobres e filhas de nobres não tinham acesso aos estudos. A organização religiosa determinava até o estilo arquitetônico das construções. Eram os arcos de forma perfeita da arte romana e poucas janelas nas paredes muito grossas para que os nobres fossem bem protegidos, caso fossem atacados. Minha mãe contava sobre o império bizantino. Seus olhos brilhavam com uma luz misteriosa quando falava da mais importante cidade bizantina, a fantástica Constantinopla, que nem cheguei a conhecer. Toda corte comentava sobre o império romano do oriente. Os Savóias, família dos nossos ancestrais, tinham grande participação no progresso e conquista da Itália, assim como na estrutura secular da igreja.

Adorava ouvir a minha mãe narrar essas histórias, porque me fazia gostar muito do meu nome e achar muito importante tê-lo tão respeitado e famoso.

"*Mia mamma*" também se chamou Bianca. Só que era Bianca de Maletta e tornou-se marquesa ao casar-se com o marquês de Busca, província de Cuneo da região de Piemonte. Busca era uma região de floresta aberta e muito florida. O marquês de Busca ou Manfredo II de Busca era um pai muito ausente. Poucas vezes estivemos juntos. Sabia que ele não gostava de mim porque eu tinha nascido uma criança muito feia e desajeitada. Os meus dentes eram tortos e o meu nariz muito grande para o meu rosto. Além disso, possuía também os olhos miúdos e muito juntos, que faziam contraste com a minha cabeleira negra e cacheada em excesso. Magricela e sem busto, parecia mais um corpo de homem do que de mulher. As pessoas diziam que os meus olhos eram parecidos com os do meu pai, mas ainda assim – e talvez por isso – era rejeitada por ele e também por minha mãe, que se sentia humilhada e diminuída quando tinha que apresentar aos amigos a sua filha feia. Ademais, o meu pai desejava um filho homem.

Ao contrário de mim, a marquesa de Busca era uma mulher bonita, ambiciosa e excessivamente vaidosa. Concluí que talvez ela me amasse porque, caso contrário, teria atendido aos desejos do meu pai de me destruir logo após o nascimento. Ou talvez não tenha feito isso porque, naquela época, os dois temessem os castigos de

Deus. Dos poucos diálogos que tive com o meu nobre pai, este merece ser recordado.

Quando completei os sete anos de idade, ele me chamou:

– *Bianca, vieni qui.*

Corri feliz em sua direção e o abracei nas pernas, porque foi onde alcancei, já que ele era muito grande.

Suas duras palavras mexem ainda hoje nas minhas feridas emocionais:

– *Non farlo di nuovo. Non hai mai voluto una figlia. Stare lontano da me! In realtà, io non so se è perché mia figlia non sembra famiglia reale di nessuno.*[10]

Complementou dizendo que só havia me chamado para me lembrar que não me queria por perto.

Essas palavras fizeram com que o mundo se tornasse muito árido e feio para mim! Imaginei que jamais poderia esquecê-las! Além disso, muitas vezes presenciei o senhor meu pai pressionar a minha mãe para livrá-lo da paternidade e confessar, de uma vez por todas, quem era realmente o meu pai, já que ele achava impossível ter sido responsável pela geração de um ser tão disforme e desprezível. Confesso que também, quando jovem e naquela personalidade, tive as mesmas suspeitas, porque a minha mãe tinha muitos admiradores e sabia tirar vantagens da sua beleza e capacidade de seduzir. Quem sabe eu fora fruto de alguma de suas aventuras? Ao mesmo tempo em que esse pensamento me invadia, outra lógica dava-me a certeza de ser impossível ser filha de outro homem, porque, se tivesse outro pai, ele teria que

---

[10] Não faça isso de novo. Eu nunca desejei você como filha. Fique longe de mim. Na verdade, nem sei se é minha filha, não se parece com ninguém da família real.

ser mais poderoso do que o meu e ela estaria, certamente, com o outro. A minha mãe nada fazia sem interesse! Nunca jogava sem ter a certeza da vitória! Hoje sei, no entanto, que realmente fui filha dele.

Esse é o resultado da realidade feminina daqueles tempos. Tínhamos que ser muito espertas e atraentes para sobreviver.

Tempos difíceis, aqueles! Era comum, entre os nobres, fazerem de conta que não sabiam que as suas mulheres bonitas, que despertassem algum interesse no clero, casadas ou não, poderiam ser negociadas por grandes favores da Igreja. Não eram raras as duquesas, marquesas e senhoras da corte ter filhos de bispos e cardeais.

O meu avô materno era conhecido como o senhor de Pettineo,[11] porque era proprietário daquela região quase toda. Mesmo os donos dos burgos tinham que ser amigos da organização da Igreja, senão suas terras poderiam ser confiscadas.

A marquesa de Busca, minha nobre mãe, ensinava-me tudo sobre a vida. Dizia que mulheres feias tinham que ser ardilosas e servis. Era preciso aprender a fingir humildade para saber tirar proveitos e vantagens quando fosse necessário. Ganhar a confiança das pessoas para depois conseguir realizar todos os seus intentos me tornaria uma verdadeira dama da corte, afirmava a minha mãe. E, sempre que podia, reafirmava os seus conselhos:

– Agindo com inteligência e exercendo rigoroso controle sobre as próprias emoções, será possível levar as

[11] **Pettineo** é uma comuna italiana da região da Sicília, província de Messina. Estende-se por uma área de trinta quilømetros.[2] Faz fronteira com Castel di Lucio, Mistretta, Motta d'Affermo, Reitano, San Mauro Castelverde e Tusa.

pessoas a realizarem as coisas que mais você deseje! – gritava ela, convicta, pois sempre falava muito alto quando se dirigia a mim, talvez para impor o seu pensamento.

E ainda afirmava, com altivez:

– Não se esqueça, minha filha, que *le donne devono essere astuzia e intelligenza, soprattutto il brutto.*[12]

Não a censuro por ter me educado dessa forma, porque sei que ela me ensinava a ser forte para sobreviver ao desafeto do meu pai e àqueles jogos sórdidos da nobreza dominante. Aprendi muito cedo as artimanhas da vida na corte. Poderia ter o homem que quisesse dentre os servos ou subalternos do castelo. Era só pedir a minha mãe. Ela ensinou a realizar todos os jogos amorosos sem que a gravidez acontecesse. Isso de nada adiantava, porque eu tinha vergonha de mim mesma e nunca tivera mesmo coragem suficiente para me entregar a qualquer homem. Acreditava que não poderia haver nenhum homem que pudesse me desejar ou me amar.

Todas as lembranças que tinha da minha infância eram de muita dor. *La mia balia* (ama de leite) vestia-me como uma princesa, mas sempre estava mal humorada comigo. Entregava-me para a minha mãe toda enfeitada e de cabelos arrumados. Chorava muito para que os meus cabelos fossem penteados, porque as mãos de *tata*[13] Talita, como eu a chamava, eram pesadas e rudes.

Nunca via alguém sorrir para mim. Acho até que não existia sorriso ou felicidade para quem quer que seja!

Não tínhamos amigos. Até os mais rudes camponeses escarneciam de mim pelas costas, porque, se o fizessem

[12] As mulheres tem que ter astúcia e inteligência, sobretudo as feias.

[13] Babá.

em minha frente, sabiam das duras punições que sofreriam. Certa feita, minha mãe ordenou o afogamento de uma criança que tinha rido enquanto eu chorava para Talita pentear os meus cachos.

Dizia ela, de forma imperativa:

– Nunca deixes que se riam de ti. Serás, um dia, uma grande rainha. Eu te prometo!

Foram tantas outras maldades que nem caberia aqui relatar. A vida de um servo não valia nada! As meninas bonitas eram usadas sexualmente por qualquer nobre que as desejasse. Não tive mais irmãos porque a minha mãe tinha muito medo de ter outro filho ainda mais feio. Naquela época, ter uma filha disforme como eu era visto como uma punição e sinal de Deus. A minha mãe deveria fazer muitas penitências por esses sinais. Algumas vezes, sem que ela quisesse, acontecia alguma gravidez e ela a retirava imediatamente.

Flamínia era a serva que conhecia a magia de retirar o feto intruso. Acho que provocou uns quatro ou cinco abortos e nunca demonstrou algum abatimento. E o pior é que mandava torturar os jovens que tinham sido responsáveis pela gravidez indesejada. Alguns não suportavam aqueles dias ou meses de tortura e morriam por isso. Padre Damiano tentava explicar que o fato de ela ter tido uma filha muito feia era, sim, um recado de Deus para que ela se arrependesse de todos os seus atos profanos. Mas ela entendia que era o contrário. Deus certamente a estaria protegendo para não sentir remorsos ao recusar qualquer outra gravidez e tomar a erva que eliminava do útero o óvulo fecundado.

Concordava com a minha mãe e ainda lhe era muito grata, porque ela poderia ter se livrado de mim e não o fez. Muitas vezes a encontrava orando e chorando para tentar compreender os sinais de Deus. Dedicou a minha alma a Nossa Senhora, depois que achou ser Nossa Senhora muito maior do que santa Andréa d'Agliano (origem do meu nome).

Sempre repetia que eu era a afilhada *de la Madonna, la Madre di Dio* – santa Maria, a mãe de Deus. Havia dias em que eu desejava muito morrer e pedia à santa venerada que me desse a coragem necessária, porque não a possuía suficientemente para acabar com minha própria vida. Sendo afilhada de tão grandiosa personalidade, sentia que seria um grande e imperdoável pecado finalizar a minha desprezível vida para ir diretamente ao encontro do inferno.

Esse sentimento de desprezo pela própria vida era muito comum entre os nobres mais sensíveis. Especialmente entre aqueles que não tinham fé. Eu, ao contrário, rezava bastante para pedir proteção da minha mãezinha celeste: *Ave Maria, piena di grazia, il Signore è con te, tu sei benedetta fra le donne e benedetto è il frutto del tuo seno, Gesù...*

Mas uma dúvida sempre me atormentava e tirava o sono: caso acabasse com a minha vida e fosse para o inferno, sofreria mais? Afinal, eu já possuía um inferno íntimo a me consumir...

MEU PRIMEIRO AMOR

III

Ho dovuto perdonarmi un migliaio di volte per accettare che la vita vale la pena! [14]

Bianca Lancia

JÁ HAVIA CONTADO QUE o meu pai era filho de Corrado I de Lancia e senhor do castelo de Fondi. Fondi era uma comuna na região do Lacio. Logo depois do meu nascimento, fomos morar nesse maravilhoso castelo de sua família.

As montanhas e os bosques floridos compunham o cenário daquelas terras férteis. O estábulo era repleto de cavalos de todas as raças. A criadagem obedecia cegamente às ordens de minha mãe. Ela governava tudo com muita dedicação, os jardins eram impecáveis, os quartos devidamente higienizados e os salões floridos com as flores retiradas do campo. Era a senhora de tudo! E ainda reservava tempo para os seus casos amorosos.

A minha história era bem diferente. Não poderia fazer nada. Era uma inútil. Via, nos olhos dos moços, o alívio que sentiam quando eu os desprezava. Recordo com

[14] Precisei me perdoar milhares de vezes para aceitar que a vida valesse a pena.

muita tristeza que um dia me apaixonei por Rigoto Bonatti, mas este não poderia ser enviado para mim pela mamãe porque ele fazia parte da coleção de rapazolas que ela sentia prazer em seduzir. Acho que era um dos seus preferidos. Talvez a minha paixão por ele tenha acontecido exatamente porque o moço era o preferido dela.

Nunca tive coragem de dizer a ela que o meu coração batia descompassado quando me aproximava dele, mas minha mãe, não me pergunte como, sabia sempre de tudo que se passava no castelo e logo, logo descobriu a minha secreta paixão.

Rigoto tinha um porte atlético e grandes olhos esverdeados. Sorria com os olhos, ostentando lindos dentes alvos em sua boca grande e bem contornada.

Seu ponto forte eram as cavalgadas, que sabia fazer muito bem, e por isso apostávamos longas corridas a cavalo, nas montanhas. Deitávamos exaustos na grama para receber o carinho do sol. Eu imaginava que ele deveria estar mesmo exausto depois de ter se fartado sexualmente com as curvas sinuosas da minha mãe. As amas assistiam a tudo e algumas até participavam daqueles momentos de prazer e orgia, untando o corpo dos dois com os óleos perfumados e estonteantes. Elas tinham o prazer de me relatar cada detalhe do relacionamento íntimo dos dois, talvez porque soubessem o quanto aquelas histórias me torturavam.

Estranho é que, mesmo sofrendo, não conseguia deixar de escutar aquelas narrativas. Por que não impedia que elas seguissem contando todos aqueles detalhes? Ou simplesmente lhes virava as costas? Acho que também me dava prazer a autotortura.

A vida é mesmo estranha e, naquela época, não entendia porque aquelas mulheres só se realizavam sexualmente assistindo às cenas eróticas dos encontros libertinos da minha mãe. Que ironia dizer que eram elas! Claro que também era o meu prazer. Louco prazer!

Certo dia, quando estava espreitando a chegada de Rigoto no quarto de minha mãe, ela me surpreendeu.

– Bianca, o que quer? – perguntou-me.

– Nada, mamãe – respondi, envergonhada.

– Venha aprender comigo como se deixa um homem alucinado de paixão – completou despudoradamente.

Saí correndo para o meu quarto, humilhada, com o coração cheio de ódio e ciúme! Nunca seria como ela! Nunca! No entanto, sentia uma inveja enorme de tudo que ela conquistava. Acho que, no fundo, gostaria muito de ter recebido de Deus a sua beleza. Por que Deus havia me punido daquela forma? Esse pensamento me consumia...

A convivência com ela era de muito aprendizado, como já cansei de repetir. Até mesmo os assuntos mais supérfluos ela me ensinava. Um dia, ao colocar um vestido muito decotado, ensinou-me que a palavra 'decote' vinha do francês *décolletage* ou *décolleté*, mas que a sua origem talvez tivesse sido a Grécia, nos tempos mais antigos, e sua função era apenas facilitar a mulher que precisasse amamentar. Acho, no entanto, que ele ganhou sua atual função de beleza e sensualidade com a minha mãe. Começou a ganhar espaço entre as roupas femininas das damas da corte porque, nos bailes reais, a marquesa ostentava o seu busto farto, criando uma expectativa de muita sensualidade, especialmente entre os homens. Quando Bianca de Maletta, ou marquesa de Busca, como gostava de ser chamada, comparecia em qualquer das festas palacianas, os olhares eram voltados para a sua estonteante beleza. Além de muito bela, era simpática e risonha. Todas as suas roupas eram muito decotadas e sempre com belos colares reluzentes para chamar ainda mais atenção ao seu colo deslumbrante. Seus cabelos estavam sempre perfumados e presos por presilhas ricamente decoradas, trazidas do oriente. Mandava fazer os seus sapatos com pedras preciosas e jamais, nunca alguém a viu sem as anáguas de muitas rendas que lhe davam um movimento de rainha.

Nesse ponto, minha mãe foi uma revolucionária, porque o seu véu de cobrir o colo era bastante fino, feito de uma seda muito especial, contrariando as ordens da igreja onde o véu não poderia ter transparência. Nenhuma autoridade eclesiástica implicava com ela. Os olhos de meu pai transbordavam de orgulho e admiração quando percebia que sua mulher provocava inveja nos homens e ciúme nas mulheres.

Ao falarmos da atuação da igreja, minha mãe ponderou que no seu tempo de jovem era bem pior, porque os líderes da igreja regulavam a conduta das pessoas, infiltrando-se em todos os níveis da sociedade, estendendo essa influência sobre o comportamento dos leigos para detectar os menores indícios do que ela definia como pecado.

– Agora – dizia minha mãe –, o bispo delegou aos padres esse poder de vigiar e punir. Como os padres se tornaram nossos amigos, ficou tudo muito mais fácil – completou, sorrindo.

Logo entendi porque eles nos procuravam para fazer milhares de perguntas sobre nossa vida pessoal. Éramos obrigados a revelar tudo, senão corríamos o risco de não ter os nossos pecados perdoados.

Com um pouco mais de liberdade, o nosso padrão moral pode ser mais arrojado nos figurinos femininos e masculinos. Abusávamos nas cores das nossas vestimentas; nós, que éramos da classe nobre, é claro!

Surgiram, assim, as corporações chamadas guildas,[15] que confeccionavam as roupas para a nossa classe social, porque as pessoas do povo não poderiam se vestir de roupas coloridas. Havia grande diferença nas vestimentas dos nobres e do populacho. As mulheres começaram a usar vestidos compridos e justos no busto. Os homens vestiam calções soltos debaixo da túnica, além de vários tipos de coberturas para as pernas. Muitas de nós já não usávamos mais as redes nos cabelos; as mulheres escolheram usar véus e panos para cobrir o pescoço, como algumas ordens de religiosas. Os homens usavam na cabeça capuzes com pontas compridas. Tanto os homens quanto as mulheres se vestiam com uma sobreveste copiada dos trajes dos cruzados.

A minha mãe parecia uma deusa dos templos gregos. Seus cabelos cor de mel e seus olhos verdes profundos

---

[15] "As **guildas**, **corporações artesanais** ou **corporações de ofício**, eram associações de artesãos de um mesmo ramo, isto é, pessoas que desenvolviam a mesma atividade profissional que procuravam garantir os interesses de classe . Ocorreram na Europa, durante a Idade Média e mesmo após. Cada cidade tinha sua própria corporação de ofício. Essas corporações tinham como finalidade proteger seus integrantes". (Wikipédia. Consultado em 5/01/2013).

eram realçados por suas vestes também verdes e/ou da cor caramelo escuro, para que realçasse os bordados a ouro. Era de fazer inveja o andar da marquesa. Parecia deslizar sobre o movimento ondulatório de suas saias.

Rigoto estava verdadeiramente apaixonado por ela. Os sentimentos de raiva e de pena misturavam-se em mim. Pena, porque sabia que a minha mãe não o amava; e raiva, porque achava aquilo tudo muito injusto.

Ele tinha o sorriso mais belo do mundo! A sua paixão pela minha mãe fazia com que ela zombasse do seu atrevimento. O meu pai aceitava que os asseclas da igreja pudessem cortejá-la porque se beneficiava com isso, mas os outros tinham que ser bem às escondidas; caso contrário, mandava matar o ofensor. Já havia ocorrido outras mortes em que minha mãe dizia ter sido forçada, dominada à força, e o pobre amante morria por justa causa. Por isso, passei a temer o namoro da minha mãe com ele. A sua vida estava verdadeiramente ameaçada pelos caprichos da marquesa. Combinei com Rigoto uma cavalgada para bem longe do castelo a fim de adverti-lo sobre o risco que corria. Quase fizemos um sexo selvagem em céu aberto, porque o provoquei o quanto podia. Sei que ele poderia sentir muito prazer em estar comigo, porque, na nossa idade, o sexo tinha o seu império, mas ele era fiel a minha mãe. Naquele dia, fiz-lhe uma proposta:

– Rigoto, finja interesse por mim para que meu pai nunca suspeite de você com a minha mãe. Você sabe muito bem o que lhe pode acontecer, não sabe?

– Claro, Zanzara – respondeu ele, chamando-me pelo apelido que me dera e que quer dizer 'mosquinha'. – A partir de hoje, você é a minha atração principal aqui no castelo – falou de forma debochada, dando muitas gargalhadas.

– Você é um ingrato, seu peste ruim! – gritei, indignada. Em seguida, montei o meu cavalo e saí a galope, quase afogada em minhas próprias lágrimas!

"Um dia ele há de implorar o meu perdão; se não aqui, no inferno, depois que morrer", dizia em prantos para mim mesma.

Ainda assim, por uns tempos ele aceitou, mas quando percebeu que eu realmente estava verdadeiramente apaixonada por ele, começou a evitar, até de maneira rude, a minha companhia. Ele era também filho de nobre e podia se dar ao luxo de me desprezar. Que triste sina a minha! Passei rapidamente do amor ao ódio; uma pena doentia por mim mesma me corroía por dentro!

Um belo dia, minha mãe percebeu a minha tristeza e sofrimento. Rapidamente chegou à verdade. Entregou-me Rigoto...

Sentia prazer em me dominar e me submeter aos seus mais torpes desejos. Ameaçou abandonar o moço caso ele se recusasse a se deitar comigo. O pobre apaixonado cedeu às artimanhas da minha venerada mãe. O seu plano era muito importante, porque se tratava do meu futuro, da minha sobrevivência e, enfim, do meu destino.

O PLANO PERFEITO DA MINHA MÃE

IV

Io e mia mamma abbiamo stretto ancora i forti legami ci legavano.[16]

Bianca Lancia

Minha mãe era realmente tudo para mim. Temia pela minha vida, caso ela viesse a faltar. Decidiu que eu deveria engravidar de Rigoto. Nenhum de nós conseguiria mesmo contrariar a sedutora marquesa. Planejou cada passo do seu desprezível plano em que eu, na maturidade dos meus quinzes anos, tive que concordar porque realmente nao via outra saída para a minha vida tão inútil e sem graça. Ademais, era mesmo apaixonada por aqueles olhos de felino. Deveria ficar grávida dele para construir um bonito futuro, não só para mim, mas para todos da família. Cheguei a sonhar que ele me assumiria e formaríamos outro núcleo familiar feliz e sadio!

Rigoto era filho de Guido Bonatti de Forli, famoso astrônomo e astrólogo italiano. Era o mais célebre astrólogo daquela época. Diziam que seu pai não gostava de mulher e, portanto, não poderia ter tido um filho. Mas

[16] Eu e minha mãe apertamos ainda mais os laços que nos unia.

era mentira, porque Rigoto era seu filho e muito amado por ele. Inclusive se parecia muito com Guido Bonatti. Sobre a sua mãe ninguém sabe dizer. Seu pai fazia parte da corte de Federico de Hohenstaufen, filho de Henrique VI, que havia morrido em 1197, e de Constança da Sicília, mulher nobre e forte que restaurou a dinastia dos Hohenstaufen.

Bonatti de Forli era muito conhecido e respeitado. Diziam que, do alto de sua torre em Forli, havia conseguido realizar uma porção de presságios, astronômicos e meteorológicos. E, especificamente em 1246, teve uma visão muito clara, seguida de vozes que lhe relatavam uma conspiração em que o papa Inocêncio IV tentaria assassinar o seu amigo e aliado Federico.

O fato se concretizou e o imperador Hohenstaufen foi salvo porque acreditou na previsão, preparando-se com antecedência para enfrentar o atentado. Selaram, a partir daí, uma amizade muito forte. Mesmo não estando mais encarnada, acompanhei tudo, ligada aos eventos da crosta terrestre. Estando ainda na Terra, acompanhei o fato de ele ter sido capaz de prever a vitória dos gibelinos na batalha de Montaperti, que ocorreu anos depois, em torno de 1282.

Para que você possa entender a importância da previsão desse astrônomo, os guelfos e os gibelinos constituíam facções políticas em lutas na Itália, especialmente na república florentina. Na origem, tratava-se de uma disputa entre os partidários do papado (os guelfos) e os partidários do Sacro Império Romano-Germânico (os gibelinos). Essas denominações 'guelfos' e 'gibelinos' originaram-se após a morte de Henrique V, sacro imperador romano-germânico. Os guelfos e o papa apoiavam os Wittelsbach, a casa real da Baviera e Saxônia dos Welfen (de onde provém a palavra guelfo), enquanto os gibelinos eram partidários da casa da Suábia dos Hohenstaufen, senhores do castelo de Waiblingen (de onde provém a palavra gibelino). Assim, a partir da segunda metade do nosso século, a cidade guelfa de Florença combateu a liga gibelina formada pelas cidades toscanas de Arezzo, Siena, Pistoia, Lucca e Pisa.

Foi um longo conflito, cujos momentos mais dramáticos foram as batalhas de Montaperti, que citamos acima.

Os adversários, tendo sitiado a cidade por um longo tempo, foram derrotados, graças à habilidade estratégica de Guido da Montefeltro, orientado pelas bruxarias de Guido Bonatti, o que o tornou ainda mais temido. Que tipo de magia ele conhecia? Seria algum tipo de erva que fornecia aos soldados, tornando-os mais agressivos e fortes? Acho que aliava as ervas ao poder mental, sobre o qual tinha real domínio.

Mais tarde, o mago Bonatti escreveu um grande tratado sobre astronomia e astrologia. Foi também atribuído a ele o mérito de ter descoberto setecentas estrelas, pois, até então, não havia conhecimento delas. Já conhecia muito bem a fama do *signore* Guido Bonatti, pai de Rigoto, porque ele contava todas as façanhas do seu pai nas andanças que fazíamos pelas montanhas, em que eu sentia uma enorme alegria e prazer. Foram os momentos mais prazerosos da minha vida, mesmo sabendo que ele apenas atendia às ordens de minha mãe. Na verdade, acho até que ele sentia certa paz em minha companhia, porque conversávamos muito.

Rigoto era um jovem sonhador. Falava-me que um dia iria para Florença e se tornaria também um grande pintor, com a ajuda de Cósimo de Médici.

Entregava-me totalmente àquela paixão platônica. Sonhar acordada com Rigoto constituía o sentido maior da minha vida. Quanto mais eu me apaixonava, aguardando as horas mais alegres do dia quando estava com ele, mais a noite me parecia longa. Não conseguia dormir, preocupada com que o meu pai poderia fazer caso descobrisse o seu envolvimento com a minha mãe...

O grande dia se aproximava. Rigoto deveria cumprir o prometido a minha mãe e deitar-se comigo. Sonhava acordada com o grande dia e criava a enorme expectativa de que ele viesse a sentir muito prazer comigo, finalmente se apaixonando por mim. Afinal, eu sabia todas as técnicas de como dar muito prazer a um homem, educada pela minha mãezinha.

Quando o recebi em meus aposentos, ele disse que antes de nós nos deitarmos para consumar o ato amoroso, precisaria me dizer muitas coisas. Foi muito cruel comigo ao me dizer aquelas palavras, que marcariam o sentimento de rejeição que fora presente em toda a minha vida:

– Zanzara, você é mesmo uma mosca nojenta e desprezível, chega a me provocar asco. Seja razoável e diga para a sua mãe que não me quer. Você sabe que eu só estou aqui para ter a sua mãe. Ela exigiu que eu estivesse com você por uns tempos. Se você lhe disser que não me deseja, ficaremos amigos; caso contrário, vou odiá-la para o resto da minha vida!

Senti todo o meu corpo estremecer, acho até que a minha vista escureceu e a minha cabeça parecia querer explodir, vencida pelo ódio e pela humilhação que movimentava a minha mente. Só mesmo aquele sentimento de ódio poderia evitar que eu acabasse com os planos arquitetados pela minha mãe. Dominei a minha ira porque compreendi que se tratava da minha sobrevivência. A frase da minha mãe gritava muito forte em meu psiquismo: "*le donne devono essere astuzia e intelligenza, soprattutto il brutto*".

Engoli as lágrimas que teimavam em escapar dos meus olhos. Fingi não ter ouvido o que Rigotto havia dito e dei-lhe para beber a poção do amor preparada pela feiticeira espanhola que servia aos nobres de toda Puglia. Os efeitos foram muito rápidos, porque, alguns minutos depois, ele relaxou e sorriu. Então, prometi-lhe que, se eu o tivesse, pelo menos por aquela noite, conforme o desejo da minha mãe, atenderia ao seu pedido com o maior prazer, porque também não o desejava.

Tivemos uma noite esplêndida de volúpia e prazer. A iluminação era bem deficiente e isso favoreceu o nosso enlace, uma vez que todo homem, àquela época, gostava muito das mulheres ainda imaculadas. As amas untavam os nossos corpos com óleos perfumados. Foi a minha primeira noite com um homem. O meu corpo estava preparado para oferecer muito prazer e usei de todas as instruções que a marquesa havia recomendado. Ele voltou por muitas noites e sem precisar de qualquer poção mágica, o que causou enorme estranheza à marquesa de Busca.

Não demorou muito e os sintomas da gravidez apareceram. Estava consumado o meu sonho de adolescente e minha derrota!

Quando minha mãe percebeu que eu estava grávida, colocou o seu plano em ação. Procurou o pai de Rigotto, o conde Guido Bonatti, e contou-lhe o ocorrido, com cores muito fortes, relatando o abuso de seu filho com a sua única filha que mal havia completado os seus quinze anos de idade. Enfatizava que ela havia confiado nele e, por isso, abrira as portas do seu castelo para tão nobre cavalheiro. Fingindo estar vencida por tanto sofrimento, porque sequer se aprontou apropriadamente para estar diante dele, afirmava que, naquele instante, sentia-se uma mulher traída com a descoberta de que Rigotto não era uma pessoa em quem se pudesse confiar; ao contrário, era, sim, um vil sedutor.

A sua única filha havia sido seduzida dentro da sua própria casa. Mostrou-se muito indignada diante do conde, afirmando-lhe ainda que estava certa de que Rigotto havia agido daquela forma para vingar-se dela, que havia resistido à sua sedução.

Nesse momento, a duquesa criou o clímax do seu projeto e chorou convulsivamente, dizendo-lhe temer pela vida do seu filho caso o seu marido descobrisse.

Foi então que disse ao conde:

– Apesar de estar me sentindo injuriada, não gostaria de vê-lo morto e isso certamente acontecerá, se não providenciarmos uma solução...

O conde Bonatti empalideceu. Ficou desesperado, buscando uma saída para salvar o seu único herdeiro. Pela sua sensibilidade de mago, percebeu claramente que havia uma grande trama por detrás de tudo aquilo, mas não sabia o que fazer. Fora pego de surpresa!

Vencendo o silêncio que se estabeleceu entre ambos, por breve tempo, ponderou:

– Cara marquesa, não sei o que dizer. Vamos realmente procurar uma solução para reparar tão grave erro. Peço-lhe alguns dias para buscar a melhor solução – retrucou educadamente.

A marquesa retirou-se agradecida com a promessa de que, no dia seguinte, o conde Guido Bonatti lhe daria uma solução.

Bonatti procurou imediatamente o filho, que lhe negava toda aquela versão, mas não conseguia provar ao pai que estava sendo vítima de um plano terrível da marquesa, até porque todos os empregados do castelo viam-no sair e entrar quando quisesse. "Por que a marquesa estaria tentando prejudicá-lo, se o seu único erro fora atender a todos os seus caprichos?" – pensava consigo.

Dias depois, Bonatti procurou a marquesa para dizer que o filho iria reparar o seu erro casando-se com sua filha. Era o que a minha mãe queria, ter Bonatti em suas mãos! Assim, deu-lhe o golpe de misericórdia:

– Caríssimo amigo, eu também pensei muito sobre o assunto e penso ter uma melhor solução. Sei que tem acesso à intimidade de sua majestade e seria melhor para todos nós se incluísse, entre as amantes do rei, a minha filha. Desta forma, depois de uma noite de prazer com ele, nós o responsabilizaríamos pela gravidez acidental, como acontece com tantas outras donzelas do grande Federico de Hohenstaufen!

Dessa vez, o conde teve uma palidez de morte! Como alguém poderia fazer isso com a própria filha? A marquesa parece que leu os seus pensamentos, porque concluiu:

– Estou assegurando o futuro da minha pobre filha! O senhor sabe que o rei pode ter tantos filhos quantos acontecerem dentro da sua realeza e ninguém pode puni-lo por isso, nem mesmo o pai ofendido. Até porque seria uma honra e não uma ofensa. Já o seu filho...

Bonatti conhecia a ingenuidade de Federico, bem como a dureza das punições para reparação da honra. Não conseguiu achar outra saída senão concordar, mesmo que indignado, com o plano da marquesa. Não suportaria ver o seu filho ser duramente castigado, caso não aquiecesse.

Assim, na noite das orgias imperiais, sob uma enorme embriaguez, a filha da marquesa sofreu mais uma humilhação ao ser possuída pelo príncipe Federico de Hohenstaufen, mais tarde o rei Federico II. Era um misto de humilhação e honraria.

Aquele jovem destemido, ainda muito moço, teve os títulos de rei da Cecília, rei da Tessalônica, rei de Chipre e Jerusalém, rei dos romanos, rei da Germânia e, finalmente, imperador do Sacro Império Romano-Germânico.

Ainda muito jovem, passei por aquela gravidez triste e tumultuada porque o rei me desprezava e o verdadeiro pai de meu primeiro e único filho simplesmente havia desaparecido. Uns diziam que ele tinha ido estudar em Roma, outros que havia ingressado em uma das cruzadas. Aprendi muito cedo que o mundo era um palco de sofrimento, mentiras e aflições.

O REINO DOS HOHENSTAUFEN

V

A DINASTIA DOS STAUFER, que passou a constituir o reino dos Hohenstaufen, foi uma importante família nobre suábia, assim chamada porque os seus líderes eram proprietários da quase totalidade das terras ao norte das montanhas da Suábia. Nesse pequeno império, construíram o magnífico castelo de Stauf.

Era uma família de poderosa linhagem de príncipes suábios que dominavam o Sacro Império Romano-Germânico e de onde tiveram origem os principais imperadores, reis e príncipes alemães. Por casamentos e alianças sucessivas, os von Hohenstaufen ligaram-se à maioria das casas reais europeias do nosso tempo. O primeiro von Hohenstaufen (*von Stauf* ou *Staufer*, em alemão) recebeu o nome de Federico e, por tradição da família real, o primeiro filho homem de qualquer dos descendentes recebia o mesmo nome. A partir dessa geração, por sucessivos casamentos e alianças, os Hohenstaufen foram progressivamente alargando a sua influência, tornando-se numa das mais aristocráticas famílias do sudoeste alemão, com fortes ligações na Suábia e na Alsácia. Inteligentemente, foram alargando a esfera de influência para além dos seus territórios de origem.

Federico I da Suábia foi elevado à categoria de duque pelo imperador romano-germânico Henrique IV, que lhe entregou a sua filha em casamento e, juntamente com ela, um polpudo dote. Federico, seu pai (avô de Federico II), mais conhecido como Barba Ruiva, era um grande negociador, porque aproveitava esses casamentos de grande aliança financeira e hierarquia social para favorecer os conventos e consolidar forte aliança com o clero. Seu filho, Federico I, seguiu o costume de também proteger os conventos e, assim, elevou o castelo de Stauf e adotou o convento de Lorch, de que a família assumiu o padroado, estendendo o grande núcleo de domínio dos Hohenstaufen. Ele e seus filhos Federico (mais tarde Federico II da Suábia) e Conrado (mais tarde o imperador romano-germânico Conrado III) continuaram a engrandecer os domínios dos Hohenstaufen e a estreitar as relações entre a casa imperial e eles, tornando toda a família a mais importante aliada da dinastia Sálica, ou Francônia, no sudoeste alemão.

Federico II, uma criança que se tornaria também sacro imperador romano-germânico, em 1197, afetou profundamente o futuro imediato da Sicília. Em um país tão acostumado a uma forte autoridade central, a pouca idade do rei causou um sério vácuo de poder. Seu tio, Filipe da Suábia, tratou de assegurar a sua herança indicando um regente famoso de Ancona. Enquanto isso, o papa Inocêncio III reconheceu os direitos de Federico na Sicília.

A força de Federico era impressionante; o poder de convencer, intimidar e dominar fazia parte do seu jeito de ser. Assim, ele cresceu, com ele crescendo mais e mais a força dos Hohenstaufen.

Quantas e quantas vezes tínhamos noticias da briga do imperador Federico com a igreja! Nessa época, o objetivo da igreja era estabelecer um império de proporções mundiais, tendo a tradição oral e a palavra do papa como únicas autoridades sobre todas as áreas de conquistas dos homens. Um só idioma, o latim, deveria ser falado, de forma que a liturgia do culto fosse idêntica em todas as igrejas. Enquanto o papa possuía poderes de imperador, seus sacerdotes e outros clérigos recebiam o status de reis e nobres. Qualquer reação que ameaçasse diminuir a autoridade da igreja era duramente combatida com excomunhão e morte.

A organização clerical instituiu a força inquisitorial da igreja. Esta foi a mais terrível força e, ao mesmo tempo, a mais eficiente estratégia da religião para aumentar o seu poder. Qualquer divergência contra ela constituía uma afronta a Deus e era tratada como se fosse crime, cuja punição não estava reservada apenas neste mundo com tortura e morte, mas também no mundo além-túmulo, onde o papa tinha o poder sobre os lugares reservados no inferno. O 'interdito', termo criado pela inquisição, dava ao papa o direito de intervir nos reinados do império.

Meu imperador jamais se intimidou frente à loucura dos papas! Eles nomeavam sobrinhos e familiares próximos, alguns deles na idade de adolescência, para assumirem bispados e arcebispados por todo o império. Ser líder da igreja era um grande negócio, porque os cardeais que residiam em Roma não procuravam resguardar as amantes das vistas do público. A paixão do jogo os envolvia na perda e no ganho de somas enormes, em uma só noitada. Os papas assistiam a sujas comédias, representadas no

Vaticano. Seus filhos se casavam nas próprias câmaras do Vaticano e os cardeais se misturavam às senhoras da vida, concubinas, que compareciam como convidadas às brilhantes diversões que os papas arranjavam.

Não é que eu queira defender o meu imperador, mas toda a sua necessidade de dominar várias mulheres vinha dessa convivência com os lideres clericais. Não se pode entender o contexto das cruzadas sem se falar da figura notável que foi Federico II de Hohenstaufen, imperador do Sacro Império Romano-Germânico, que durou até a sua morte, em 1250. Além disso, recordando o que relatamos acima, Federico II era neto do famoso Federico, o Barba Ruiva ou, como se diz no bom italiano, *Barbarossa*, porque usava uma enorme barba ruiva.

Todos conheciam a fama do Barba Ruiva de conquistador e unificador da Alemanha. Chegou a ser nomeado pelo papa como imperador da Itália. Seu neto seguiu seus passos de grande guerreiro, foi um homem corajoso e singular. Realmente não me canso de elogiá-lo. Acho que eu o amava e temia ao mesmo tempo. Não só eu, mas todos que dele se aproximavam.

Coroado rei da Sicília, em 1198, rei alemão, em 1212, e rei de Jerusalém, em 1229. Seu pai era nada menos do que o imperador Henrique VI e sua mãe, a imperatriz Constanza d'Altavilla, herdeira do reino normando da Sicília. Seus pais morreram muito cedo. O pai, Henrique VI, morreu quando ele não havia ainda completado três anos de idade. Sua mãe o levou para a corte, em Palermo, morrendo também muito cedo, sendo enterrada um ano depois. Acho que já contei isso, mas vale a pena lembrar a saga desse herói.

Antes de morrer, sua mãe contratou tutores não menos importantes para proteção do seu filho. Foi então educado por tutores selecionados pelo papa Inocêncio III. Sua educação foi uma importante mistura das influências gregas, normandas e muçulmanas que formavam a corte siciliana.

Criado para comandar, Federico II lutou em muitas cruzadas, mas em algumas chegava atrasado, não cumpria o desejo dos papas e criava problemas para os bônus das lideranças eclesiásticas. Por esse motivo, foi excomungado.

O imperador Federico não se preocupava com isso, era muito senhor de si. Algumas vezes, dirigia-me a seus aposentos para observá-lo. Ele ficava um grande tempo olhando pela janela com o seu olhar vago, depois caía na cama em sono profundo. Embora nunca tenha se importado comigo, eu o admirava muito. Era absolutamente eclético, tinha uma cultura invejável e uma percepção do mundo muito mais avançada do que a da época em que vivíamos. Sua guarda de elite, por exemplo, era composta por sarracenos, termo usado para identificar os muçulmanos, especialmente os que invadiram a Sicília, no sul da Itália, e a Espanha. O imperador avaliava as pessoas pelo seu talento, por aquilo que ela sabia fazer e fazer bem, sem levar em consideração credo, cor ou raça. É difícil de acreditar, mas ele era ateu. Certa vez, quando me viu rezando para a Virgem Maria, perguntou:

– Acredita mesmo que Jesus seja Deus e que nasceu de uma mulher comum?

– Sim, senhor; eu acredito.

– Então, por que não voltou para salvar o seu povo?

– Ele prometeu voltar – disse-lhe, convicta.

Ele retrucou com um sorriso de ironia:

– Acho que Jesus é uma lenda, porque, se realmente fosse Deus, não teria sido vencido pelos homens!

Certa vez, quando veio com esse deboche sobre as minhas orações, arrisquei também perguntar-lhe:

– Por que o senhor meu imperador diz não crer em Jesus e luta nas cruzadas para implantar o seu saber na Terra?

E ele respondeu com uma pergunta:

– Não sabe mesmo porque luto nas cruzadas ou quer provocar-me?

– Não quero provocar-te, senhor. Sei que lutar nas cruzadas representa poder e dinheiro, mas é só por isso? No fundo de sua alma, não pensa em Deus?

– Se Deus realmente existisse, não deixaria os seus filhos sofrerem tanto – retrucou com convicção, encerrando o assunto.

Todas as vezes que tinha oportunidade, tocava na questão da divindade do Cristo. Não acreditava mesmo em Deus, apesar de ter sido muito supersticioso. Tinha medo das bruxas e levava muito a sério os seus sonhos. Considerava Moisés, Cristo e Maomé como farsas bem montadas para dominar os idiotas. Sua conduta sexual também não era compatível com os preceitos da igreja. Federico gostava de mulheres e possuía um verdadeiro harém...

Para resumir, o imperador encontrou uma situação tão difícil na Terra Santa, que a melhor saída pareceu-lhe a diplomacia. Federico sempre foi muito bem sucedido em todos os desafios de sua vida. Era um grande negociador. Mas como era difícil vê-lo com a fisionomia leve e feliz! Estava sempre tenso e de olhar muito tristonho...

NASCE O MEU FILHO

VI

Ognuno porta con sé i registri di tutte le sue scelte.

Nessuno sfugge della coscienza stessa.[17]

Bianca Lancia

NÃO POSSO DEIXAR DE falar um pouco mais desse grande homem, Federico II, que foi o pai do meu único filho, ou melhor, o homem que assumiu a sua paternidade.

Já contei que, depois da morte de seu pai, o imperador Henrique VI, quando ele tinha quase três anos de idade, sua mãe, que era rainha da Sicília, mandou coroá-lo rei, dissolvendo os laços da Sicília com o império alemão.

Depois que sua mãe morreu, no entanto, ele ficou sob a custódia do papa Inocêncio III, a pedido dela, até a sua maioridade. O papa havia feito pactos com a sua mãe e, por isso, fê-lo rei da Germânia, sendo sua coroação no ano de 1215 em Achen. Federico tinha apenas dezoito anos. O título de rei precedia o título de imperador. Quando um nobre chegava a ser rei, é porque tinha potencial para imperador – e foi isso o que aconteceu! Depois de cinco anos

[17] Cada um traz em si mesmo o registro de todas as suas escolhas. Ninguém foge da própria consciência.

de negociações entre Inocêncio III e o papa que o substituiu depois de sua morte, Federico foi finalmente coroado imperador em Roma, com vinte e três anos de idade.

O imperador era mesmo incrível. Chegou a desenvolver a capacidade de aprender nove idiomas diferentes e escrever muito bem em sete deles. Mandou cunhar uma moeda com o seu retrato e, apesar de temporariamente em paz com o papado, Federico II não deixou de ter problemas com os príncipes germânicos. Do seu primeiro casamento com Constança de Aragão, teve um filho, que chamou de Henrique. Quando foi coroado imperador, conseguiu coroar o seu filho rei de Roma. Mas, em 1231, esse filho aliou-se com a Liga Lombarda contra ele. Federico cerrava os punhos quando falava desse filho. Culpava a educação dada pela sua mãe pelo fato de ele ter se portado como um traidor. Nada ficava oculto do grande imperador e ele fez com que a rebelião fracassasse. Mandou prender o próprio filho. Retirou o seu título de rei, transferindo-o para o seu segundo filho, o Conrado, que já tinha o título de rei de Jerusalém. Esse seu filho era resultado do seu segundo casamento com Yolande de Brienne, rainha de Jerusalém. Mais adiante relatarei com maiores detalhes esses seus casamentos. Não sei como Federico conseguia conviver com todas essas traições. Tinha mesmo um pulso de ferro. Diziam alguns que com certeza mantinha parceria com Satanás.

O meu único filho nunca deixou de ser um filho bastardo. Foi batizado com o nome de Manfredo e só muito mais tarde, nos dias que antecederam a minha própria morte, Federico o reconheceu como filho. Eu e minha mãe fomos amantes de Federico II para, segundo ela, assegurarmos o futuro de Manfredo. Não era bem assim. A minha mãe ele procurava sempre. Eu, no entanto, colocava-me junto às outras. Ia porque tinha mesmo prazer em estar com ele, mas não era obrigada. Na minha inocência, ou melhor, na minha ignorância, ainda alimentava a esperança de engravidar novamente do grande imperador.

Dizem que o tempo cura as feridas e distancia as dores. Não as dores da alma... Ainda hoje, depois de quase um milênio, sinto dificuldades em recordar os caminhos percorridos. Sei que não poderia ter sido diferente, depois de compreender que a vida tem noção de continuidade e que somos herdeiros de nós mesmos. Descobri isso muito mais tarde, ao vasculhar os escaninhos da minha alma em busca de respostas para tanta dor. Muitas vezes sentia culpa por sofrer. Tinha recebido da vida muita coisa, especialmente uma mãe que sabia me proteger. A verdade é que trazemos, em nós mesmos, as marcas de todas as ações praticadas ao longo da vida, em cada um das existências. A alma imortal escreve muitas histórias vivenciadas por ela e nada se perde em sua memória infinita. Algumas histórias são de fácil acesso, outras são camufladas de si para si mesma. Se hoje eu narro esta história em particular, é para sensibilizar as pessoas que ainda caminham às cegas pela vida, dando pouca importância às necessidades reais do espírito imortal. Quero deixar claro, nesta oportunidade, a certeza da imortalidade da alma e a consequência de cada escolha que fazemos.

É perfeitamente viva a história desse grande rei que, apesar de tudo, foi muito bom para muitos de seus filhos, embora a maioria nem mesmo tivesse seu sangue nas veias. Ele de modo algum soube disso enquanto esteve na Terra.

Claro que depois descobriu tudo, mas na realidade mais ampla da vida tudo isso fica tão insignificante e pequeno que se elegem outras prioridades para se continuar vivendo. No entanto, não há nenhuma de nossas ações que fiquem ocultas. Todas são grafadas de forma indeléveis na memória de Deus, que habita em cada um de seus filhos.

Naquela época, não tinha mesmo como ter certeza da paternidade, impossível saber, já que a sua melhor diversão era possuir muitas mulheres. E o que mais poderia desejar uma mulher senão dormir, pelo menos uma noite, com 'Sua Majestade Eclesiástica'? A maioria delas, que se aproximava da corte e da fraqueza moral daquele homem, era mesmo para aproveitar-se de suas riquezas. Será que poderia chamar esses impulsos de fraqueza moral? Não estou muito certa disso, porque eram hábitos e costumes da época. Mesmo porque a sobrevivência era feita de suor e sangue. Sobreviviam os mais fortes! A caminhada evolutiva do ser passa pelo instinto de conservação e muitas vezes ele é surpreendido pelas emoções. Se fosse vencido pelas emoções, tornar-se-ia um fraco! Houve tempos na Terra em que o instinto de conservação era o mais poderoso motivo para cumprir as ordens de Deus. A vida tinha que ser preservada a qualquer custo e só o forte sobrevivia. Todos nós sabíamos disso e pobre daquele que ficasse chorando sobre as próprias dores!

Quando conheci Federico, ele ficava a maior parte do seu tempo no Castelo Fiorentino, em Puglia, um dos seus locais preferidos. Depois que me mudei para lá, ele passou a aparecer muito pouco. Só ia mesmo quando podia estar com a minha santa mãe. Ele não suportava me olhar. Comecei então a alimentar um enorme ódio pela minha mãe.

Aos poucos, minha admiração por Federico foi aumentando, apesar da sua total indiferença pela minha pessoa. Era como se eu não existisse. Mesmo quando tentava me dirigir a ele, fazia questão de demonstrar que não estava interessado em me ouvir. Mas não passava despercebido que ele também sofria. Dedicava um bom tempo observando o seu cenho fechado, o olhar perdido no horizonte e seus suspiros de profunda tristeza. Quando percebia que eu o observava, virava as costas.

Apesar de sua vulgaridade no trato com as mulheres, era admirado pelos seus súditos. Federico era de Jesi, província de Ancona.[18] Assim como eu, nunca recebera carinho verdadeiro e atenção de ninguém, nem mesmo de sua mãe, cuja vida vazia e superficial cumpria todas as exigências familiares de manter o poder a todo custo. Talvez esteja sendo injusta com a minha mãe em revelar que nunca tivesse tido carinho, porque a proteção que sentia quando ela estava por perto era uma forma de carinho que não soube compreender e valorizar.

A natureza humana é mesmo muito frágil, especialmente a natureza feminina no que diz respeito ao afeto. Por que será que precisamos tanto de carinho e de exclusividade nas atenções? Precisamos mais de sentir o corpo ser tocado e acariciado com ternura do que propriamente do alimento físico. É disso que estou falando... e naqueles tempos as mulheres eram usadas como

---

[18] A cidade de Ancona debruça-se sobre o mar Adriático. Está situada na região de Marche, no centro da Itália. Encontra-se cerca de trezentos quilômetros a nordeste de Roma.

objeto de prazer. O homem que desejasse apenas uma mulher era um fraco!

Enquanto Federico lutava pelo mundo em busca de um poder sem limite, eu cuidava do meu filho e do meu crescimento pessoal. No seu castelo, tive aulas para aperfeiçoar a leitura e a escrita. Os freis beneditinos se encarregavam de levar cultura aos nobres.

Fiquei mesmo muito feliz quando Federico foi coroado com o título de rei da Germânia, título esse que tradicionalmente precedia o título de imperador. Na minha fantasia, eu pensava que de alguma forma ele havia me transformado em uma rainha! Ah! Pobre alma iludida! Rainha de coisa nenhuma; talvez pudesse dizer do reinado do tédio e da desilusão.

Finalmente, no verão de 1220, Federico foi coroado imperador, em Roma. O nosso filho nasceria alguns meses depois. A mentira havia se tornado a verdade da minha vida.

Ao contrário da maioria dos imperadores do Sacro Império, Federico II passou pouco tempo na Germânia. Precisava do apoio dos bispos para coroar o seu filho Henrique (filho da primeira mulher) rei daquela província. Seu filho, sendo rei da Germânia, assegurava para si o domínio daquela parte do império. Para atingir o seu objetivo, favoreceu os príncipes da igreja criando um tratado que dava aos bispos da Germânia poder secular.

Era muito fácil constatar que todos os nossos atos eram de puro interesse. Vasculho minha memória procurando a imagem de alguém cujas ações eram altruístas, mas não encontro! Nenhum de nós tinha amigos, a solidão era a companheira predileta e era comum, nas cortes palacianas, algum nobre acabar com a própria vida depois de estar totalmente embriagado por vinhos cada vez mais fortes. Pagava-se caro aos feiticeiros da época, que conseguiam preparar venenos de resultados rápidos quando associados à bebida alcoólica.

O meu dono e senhor, após ter sido coroado imperador, dividia dias entre seu castelo na Sicília e as cruzadas. Acredito que tenha sido na história o imperador que mais construiu e restaurou castelos.

Quando vinha nos visitar no Castelo Fiorentino, exigia a presença de minha mãe e me olhava com indiferença e desdém. Poucas vezes tomava o nosso filho ao colo. A minha dor era muito grande. Acho que intuitivamente ele conhecia a minha história; senão, por que me desprezava tanto?

Atualmente examino essa tese de que, quando somos enganados por alguém, intuitivamente sabemos que fomos enganados, porque, ao dormir, nossa alma abandona o corpo e pode estar diante da verdade. Claro que, ao acordar, não mais se recorda, mas todas as células do seu corpo sabem e reagem. Interessante, não?

QUANDO O AMOR ADOECE

VII

É VERDADE, O AMOR adoece!

Ficava observando o meu filhinho no colo das amas e a sua total entrega e dependência. Como é trabalhosa a primeira infância! Muitas vezes não sabia o que fazer com ele quando chorava muito em meu colo. A minha mãe vinha em meu socorro e dizia:

– Acho que o pobrezinho tem medo da sua feiura!

Era então que ela o aconchegava em seu regaço e imediatamente o bambino parava de chorar. Seu magnetismo e sua força me intimidavam e faziam com que me sentisse ainda mais dependente do que o meu próprio filho. Hoje, sei que todas as mães não são mesmo hábeis com os seus primeiros filhos, mas naquela época não sabia de nada e sofria com a minha ignorância.

Passei a acreditar que eu, sem a minha mãe, realmente era nada! Todos os meus atos ela censurava e, se eu me punha a chorar, cheia de tristeza e mágoas, pedia que fosse imediatamente para o meu quarto a fim de poupar as pessoas da minha feiura, que com o choro era ainda mais realçada.

A marquesa tornava-se mais cruel comigo a cada dia, talvez porque percebesse o desprezo que Federico tinha por mim e estivesse, pela primeira vez em sua vida, apaixonando-se por alguém. Dessa forma, eu não teria mesmo nenhuma chance de disputar as atenções do imperador. Ela também começou a demonstrar desprezo por mim. Comecei a temer que ela tramasse o fim da minha vida e, por isso, comecei a pensar em como me livrar da minha própria mãe sem despertar qualquer suspeita.

Sabia que Federico deveria voltar para a Puglia definitivamente quando cessassem as cruzadas e tinha a esperança de que ele pudesse olhar o meu filho de forma diferente. Aliás, era nosso filho. Pelo menos era o que todos sabiam. Mas com a presença da minha mãe seria impossível.

O plano para me livrar da minha mãe só fazia crescer em minha cabeça. Quanto mais ela me humilhava, mais a minha dor ia aumentando e as lágrimas secando. Sempre me comparava com aqueles penhascos que sofriam as investidas fortes das ondas do mar, mas resistiam heroicamente.

Repetia para mim mesma: ela não vai conseguir tomar o meu filho de mim! Isso nunca!

As vozes daqueles que ela prejudicou faziam coro em minha mente: "Mate essa víbora!".

Toda tarde, pedia permissão a ela para correr com o meu filho pelos jardins. O meu objetivo não era só estar com Manfredo, mas passou a ser, principalmente, fortalecer o meu corpo físico muito frágil para a execução do meu plano! Precisava ter braços e pernas fortes!

Depois que decidi pela minha sobrevivência e pelo meu plano de acabar com a minha mãe, passei a dar novo significado a minha vida. Incrível como o sentimento de vingança alimenta a alma da gente e trás até certo alívio às dores físicas e morais!

– Bianca, venha aqui! – quando minha mãe ou meu pai me chamavam assim, já sabia que era alguma advertência.

– Sim, senhora minha mãe! – atendia imediatamente.

– Você não tem mesmo jeito! Faz tudo sempre errado! Precisa ser vigiada dia e noite! – gritava ela.

Em seguida, dava-me várias bofetadas no rosto para que eu entendesse, de uma vez por todas, que Manfredo não podia caminhar descalço nas redondezas do castelo como um filho de uma serviçal qualquer.

– Nunca se esqueça também, Zanzara, de que esse menino não pode ser sinistro como você! Bata-lhe na mão esquerda todas as vezes que pegar algum objeto com ela. Não percebe que nesse ponto ele saiu a você? Por acaso esqueceu o quanto apanhou para usar a mão direita? Esqueceu que Manfredo é filho de imperador e certamente será rei?

– Isso eu jamais poderia esquecer! – respondia-lhe secamente.

Eu amamentei o meu filho apenas um dia, logo que ele nasceu. Depois, tive que ceder para as duas amas que se alternavam para amamentá-lo porque eram as mulheres de leite forte e uma mulher nobre não poderia descer a esse nível de ama de leite. Como deixar que seus seios ficassem descobertos e, ainda por cima, pingando leite?

Manfredo, porém, ria muito comigo quando eu dava cambalhotas no jardim. Tudo às escondidas, pois minha mãe não podia saber. Ele sentia o quanto eu o amava, mas não faltava alguma ama para lhe relatar tudo que tínhamos feito, atemorizando a criança com castigos.

A maior parte do tempo do meu filho era ocupada pela marquesa, que lhe ensinava como se dirigir aos empregados e até a mim.

Um dia, ela disse que tinha planos para que Federico se aproximasse de Manfredo e que, se eu realmente o amasse, deveria me afastar para que o seu destino se cumprisse.

Todas as vezes que Federico chegava ao castelo, ela aprontava meu filho como um príncipe e ia recebê-lo. Mandava cozinhar o seu prato preferido e treinava o menino em conversas interessantes, que chamavam a atenção do imperador para a sua inteligência e vivacidade. A marquesa estava conseguindo o que queria e o meu amor ia se tornando a cada dia mais doente, à medida que o meu filho se afastava mais e mais de mim.

AS ESPOSAS DO MEU IMPERADOR

VIII

Pensavo di sapere, ma l'amore si nascondeva sempre da me![19]

Bianca Lancia

ANTES DE MIM, FEDERICO tinha se casado oficialmente três vezes, mas extraoficialmente não havia limites para as suas ligações amorosas. Se pudesse relatar a história de cada uma dessas mulheres extraordinárias, seus dias de renúncias e submissões, este livro não seria o mesmo. O que sei é que no referido século onde aconteceram todos esses eventos, as mulheres tinham que ser muito sedutoras, até mesmo para a própria sobrevivência.

A primeira mulher apresentada à corte como sua esposa chamava-se Constança de Aragão, que o deixou viúvo com vinte e oito anos. Essa princesa era filha do grande Jaime I, rei de Aragão.[20] Foi acometida de uma febre que nenhuma medicina conhecida da época conseguiu debelar. Nem é preciso dizer que em todos os

---

[19] Pensei que sabia amar, mas o amor sempre se escondeu de mim.

[20] O reino de Aragão junto com o condado de Barcelona (Catalunha) formavam a coroa de Aragão, no século XII.

casamentos o interesse maior era aumentar os seus domínios, o seu poder e a fortuna da igreja. Nesse primeiro casamento, foi possível estender o seu domínio até a Espanha, apesar de toda luta que havia entre os descendentes de Jaime I para abocanhar mais terras e mais poder.

O segundo casamento foi uma verdadeira saga! Era uma princesa de origem francesa. Seu nome era Isabel II de Brienne, mais conhecida como Yolande de Brienne. Foi-lhe prometido ser rainha de Jerusalém alguns dias depois do seu nascimento, isto porque a sua mãe, a verdadeira rainha, tinha acabado de falecer, talvez do seu parto. Isabel II foi a única filha de Maria de Montferrat, a real herdeira do trono de Jerusalém com o nobre João de Brienne.. Devido a isso, a menina foi proclamada futura rainha de Jerusalém quando tinha apenas alguns dias de idade. Naquele tempo já se podia nascer rainha ou rei!

Meu jovem imperador, naquela ocasião, estava também a serviço da quinta cruzada, mas não se sentia motivado a acompanhar o exército imediatamente, apesar do incentivo dos papas Honório III e, mais tarde, de Gregório IX.

Naquele momento, ele precisava consolidar sua posição na Alemanha e na Itália antes de atender aos caprichos do papa de participar daquela quinta cruzada. Atrasou bastante esse compromisso e realmente não consolidou a participação. Apesar de contrariado, o papa Honório III não desistiu e promoveu um encontro entre João de Brienne, ele próprio e Federico II, onde o destino de Yolande foi decidido: se ele se casasse com a jovem princesa, poderia participar da cruzada exibindo o título de rei de Jerusalém.

Com essa proposta, Federico aceitou casar-se com a jovem, futura rainha e fazer parte da cruzada seguinte, ou seja, da sexta cruzada.

Isso foi um plano inteligente do papa, que guardava a certeza de que, ao promover o ambicioso Federico, uniria finalmente o imperador aos interesses da igreja. O noivado foi confirmado. Dias depois, Isabel II foi coroada como rainha de Jerusalém. Depois de coroada, foi enviada para a Itália a fim de concretizar o seu casamento com Federico na catedral de Brindisi. Yolande era uma mulher de muitos enfeites, embora tímida e sem graça. Na verdade, era quase uma criança, porque ainda não tinha completado quatorze anos de idade. Essa união ocorreu em 9 de novembro de 1225. Enquanto isso, meu filho Manfredo estava quase alcançando os seus quatro anos de idade.

Federico II, sem perda de tempo, destituiu João Brienne da tutoria de Isabel em Jerusalém, transferindo para si mesmo todos os seus bens e direitos. Isso ele poderia fazer, porque, ao casar-se com a menina-rainha, passou a ser o seu tutor.

Após o casamento, Isabella foi mantida em isolamento por seu marido. Coitada da menina, nunca foi feliz com ele! Ele passava a maior parte de seu tempo em um harém em Palermo. Em novembro de 1226, ela deu à luz a seu primeiro filho, ou seja, o segundo filho de Federico, a quem deram o nome de Conrado. A criança nasceu sadia, mas ela morreu ao dar à luz seu filho, com apenas dezesseis anos de idade. A morte dessa rainha deixou muitas dúvidas sobre o relacionamento dos dois. Talvez tivesse morrido de pavor, porque, para as suas relações conjugais, ele estava sempre bêbado.

Tenho a opinião de que ela morreu mesmo foi do parto, pois era praticamente uma criança, muito miúda e fraquinha. Um dia, a verdadeira história será revelada, porque nada, absolutamente nada permanece oculto; todos os registros do mundo estão gravados na memória universal. Também passei por essas dores, mas tive a sorte de ter uma mãe influente e sábia. Até porque Federico, à sua maneira, era um homem carinhoso e não seria capaz de causar pavor a ninguém, muito menos a uma mulher. Era um homem gentil quando desejava satisfazer-se sexualmente. Parecia fazer questão de amar a todas. Não sei como conseguia ser carinhoso com todas as suas mulheres sem se importar com o físico, com a cor ou com a idade.

A sua terceira mulher foi a princesa da Inglaterra Isabella, que deixava transparecer em seu rosto todo o sofrimento de ter renunciado ao seu verdadeiro amor para casar-se com Federico por interesses da coroa. Ela foi a caçula do rei João da Inglaterra e Isabel de Angoulême. Essa família imperial teve dois filhos e duas filhas, sendo Isabela a segunda filha. O casamento se realizou por sugestão do papa Gregório IX, sucessor de Honório III, com a justificativa de sempre, ou seja, sendo a referida princesa irmã de um rei influente na Inglaterra, seus domínios e os da igreja seriam maiores.

A princípio, Federico não deu muita importância, porque tinha receio de que essa atitude aborrecesse os seus aliados franceses, mas, quando percebeu que um casamento inglês lhe daria mais força sobre os seus adversários, concordou imediatamente. O noivado foi oficializado em Londres, em fevereiro de 1235. Na ocasião, a princesa tinha cerca de vinte e um anos de idade e Federico era viúvo duas vezes, já estando com quarenta anos, detalhe totalmente sem importância para a época, sendo ele um imperador.

O casamento entre Isabella e Federico foi de grande pompa e teve lugar em julho do mesmo ano. Assim, a princesa Isabella se tornou a terceira imperatriz do Sacro Império Romano. Seu dote era trinta mil marcos de prata (uma soma considerável naquele tempo). Esse momento da vida de Federico foi lastimável, porque colocava eunucos negros para vigiá-la. Seu casamento tinha sido um jogo político, mas por ser uma mulher linda e desejada por muitos nobres, provocou ciúmes em Federico e, por isso, ele a manteve aprisionada, podendo conversar apenas com sua ama e sua empregada doméstica, Katarina. A jovem Katarina era linda e selvagem, mas totalmente dominada por Federico por nutrir enorme paixão pelo imperador.

Quando o conde Ricardo, irmão da sua esposa, voltou das cruzadas, foi autorizado a visitá-la, não gostou nada do que viu, percebendo a tristeza de sua irmã e a sua aparência deplorável. No entanto, não tinha força política para mudar aquela situação humilhante e perversa. Temia a ira e a influência de Federico. Teve que conviver com a ideia de que sua irmã, vivendo daquela maneira, não iria durar muito. E realmente a primeira coisa a acabar foi a sua beleza. A tristeza enfeia e mata qualquer pessoa.

Ela foi enterrada ao lado da esposa anterior de Federico, a rainha Isabel II de Jerusalém, na catedral de Andria, perto de Bari.

O que nos adiantava tanto poder, dinheiro, posição social, se ninguém era feliz?

O tempo foi passando e fui conhecendo a história desse grande imperador e a selva de seres primitivos que elegeu para sua companhia. Pude perceber que ele era ainda mais infeliz do que eu. Convivia muito pouco com as esposas e as demais mulheres, inclusive comigo e minha mãe, que éramos suas amantes, porém não exclusivas: em suas noitadas, outras marquesas e duquesas tomavam parte. Na verdade, ele nunca mais me tocou, pelo menos conscientemente. Era considerada sua amante apenas porque havia carregado em meu ventre um filho que supostamente era dele.

Antes de conhecê-lo mais de perto, imaginava que a minha mãe tinha encontrado algum caminho para suborná-lo. Depois percebi claramente que se tratava apenas da sua enorme magia de seduzir.

A vida dos reis não era nada fácil. Federico esteve em luta quase constante com os Estados Pontifícios e, apesar de excomungado duas vezes, tomou realmente parte ativa na sexta cruzada, onde desempenhou o papel de verdadeiro diplomata e não de guerreiro, porque era um estrategista. Em determinada época de sua vida, foi considerado um anticristo, porque a sua meta fundamental era conquistar novos territórios e títulos para si mesmo e de nenhuma forma expandir o poder da 'Santa Madre Igreja'.

Enquanto Federico perambulava pelos seus domínios, eu perambulava pelas escuras alamedas do castelo, acompanhada pelos meus mais sombrios pensamentos. Acho que todos nós, àquela época, éramos anticristo, pois cada um de nós só pensava em si mesmo, em se defender, em sobreviver, em usufruir dos melhores prazeres que o mundo podia oferecer. O outro só deveria existir como objeto de prazer daquele que podia mais!

NÃO VIA OUTRA SAÍDA

IX

TODA MANHÃ, IA AO quarto do meu filho presenciar as amas a prepará-lo para os longos passeios nas alamedas floridas do nosso jardim. Minha presença junto a meu filho tornou-se indesejada, por ordens de minha mãe, que afirmava ser pelo próprio bem do menino. Depois dos passeios, a sua rotina era estar com a marquesa para ouvir as histórias que ela lhe contava a respeito de seu pai. Tinha que ser às escondidas, para observar o crescimento do meu filho. Aprendeu a ler com certa facilidade e gostava muito de estar com a avó, que, em desrespeito a minha pessoa, fazia o papel de mãe. Fiquei ainda mais desconfiada da marquesa quando ela me afastou definitivamente do meu menino, até mesmo nos horários das refeições que fazíamos juntos. Sempre repetindo que era para o seu bem.

Dizia-me, repetidamente:

– Uma mãe tem que saber renunciar aos seus desejos por amor e para o bem de seu filho. Não assistiu todo esse tempo ao meu sofrimento por você? As humilhações que sofri por você não foram poucas...

O tempo ia vagarosamente nos consumindo... A convivência do menino com minha amada mãezinha fez com que ele se tornasse mais parecido com ela. Tinha os traços perfeitos da avó e, com o tempo, desenvolveu o jeito dela de falar. O menino foi ficando também seduzido pelas historias que ela lhe contava de realeza e poder.

Certo dia, quando fui abraçá-lo, ele tornou-se enrijecido e me evitou, dizendo as frases perversas da marquesa:

– A senhora é tão feia, minha mãe, que a minha avó está certa em dizer que não me pareço em nada com a senhora. Talvez eu seja mesmo filho dela. Veja como sou bonito, assim como ela!

O ódio que passei a sentir pela minha mãe só fez aumentar. Ela estava me matando aos poucos, tornando-me uma figura esquecida, jogada de lado e completamente invisível. Esse certamente era o seu plano para minha morte, pensava comigo. Quando você se torna invisível, é como se estivesse morta!

Todos os dias, ao anoitecer, sentia a tormenta de muitos demônios. Ouvia suas vozes clamando por justiça, afirmando que, muito em breve, minha mãe acabaria comigo tal como fez com o meu pai.

Eu gritava para aquelas sombras:

– Deixem-me em paz! Que importa se ela tenha acabado com o meu pai, eu não gostava mesmo dele!

As vozes, contudo, não me davam trégua, e riam debochadamente do meu desespero!

Uma noite, envolvida pelas sombras da minha alma em desalinho, fui ao quarto de minha mãe e a sufoquei com o próprio travesseiro. Tinha os braços fortes e não lhe dei nenhuma chance de reação. Prendia as suas com as minhas perdas e, com os braços fortes, firmei o travesseiro bem encorpado. Em pouco mais que alguns segundos ela não respirou mais. Justificava para mim mesma que era uma questão de sobrevivência. Na ignorância da minha pobre vida e faustosa solidão, imaginava que ela nunca saberia que fora eu a culpada pela sua morte, movida por ciúme, medo, pelos fantasmas e pelas crises de melancolia.

Tomei todos os cuidados para que ninguém me visse entrar lá. Naquela noite, chamei sua ama pessoal e dei-lhe uma joia valiosíssima que havia recebido quando dei à luz o filho do imperador. Disse-lhe que era um presente pelos bons tratos que dispensava à minha mãe e ao meu filho. Claro que a serviçal ficou desconfiada, porque não existia esse reconhecimento por parte dos nobres. Revelei à mucama que sabia do seu filho com um dos vassalos da minha mãe e manteria aquele segredo porque gostava dela. Argumentei que, com a venda daquele presente, ela poderia cuidar melhor do seu filho. Ela concordou, cheia de medo. Via o pavor em seus olhos. Não teve outra alternativa e, além do mais, deixei transparecer que eu sofria com o afastamento do meu filho e por isso precisava muito conversar a sós com a minha mãe.

Dei-lhe a permissão de se afastar do seu posto para mostrar ao amante a linda joia. Era o tempo suficiente para realizar o meu projeto. Não sentia nenhum remorso, porque ela mesma havia me ensinado a matar sem deixar rastro, quando aniquilou o meu pai. Havia esquecido de relatar os detalhes disso. Ela mesma me contou que, após uma linda noite, com muito vinho e orgia amorosa, ela o envenenara. E, como sempre, responsabilizava-me por suas decisões tenebrosas, afirmando ter cometido o assassinato em minha defesa, uma vez que, durante suas bebedeiras, meu pai dizia que iria acabar comigo. Matar era uma prática até comum quando se tratava de interesse importante.

Quando Federico recebeu a notícia da morte da marquesa de Maletta, mandou torturar todos os seus empregados, inclusive a sua ama. Ela foi muito heroica, resistiu àqueles dias de tortura e pediu apenas que eu cuidasse do seu filho, caso ela morresse. Coisa que nunca fiz, até porque o seu amante desapareceu com a criança e ela permaneceu no castelo para cuidar do meu filho, a pedido do imperador.

Comecei a sentir um pouco de remorso quando deparei com o sofrimento de Manfredo, que já estava um rapazinho de dez anos. Passou a ter medo da noite, dizendo que via a avó muito triste e revoltada. Tentava abraçá-lo e aconchegá-lo em meus braços, mas ele passou a evitar minha presença ainda mais. Agarrou-se com a ama de minha mãe, que também me olhava com muita desconfiança. Federico confiava nela e eu nada podia fazer.

Federico voltou definitivamente à Itália quase dezessete anos depois, encerrando suas atividades com as cruzadas em meados do ano 1237, permanecendo em solo italiano durante os treze anos restantes de sua vida.

O grande imperador fez com que o reino da Sicília se tornasse uma monarquia absoluta, sendo o primeiro estado centralizado da Europa a emergir do feudalismo.

Devo admitir que, apesar da época tão bárbara em que vivíamos, Federico pensava grande para a Itália. Construiu o Castelo del Monte e também a grande Universidade de Nápoles.

O reinado da Germânia estava com Henrique (filho do primeiro casamento) e o reinado de Jerusalém com o seu filho Conrado (filho do terceiro casamento). Era muito odiado por seu filho Henrique, que nunca o perdoou pela morte de sua mãe. Organizou uma rebelião contra ele e fracassou. Federico o aprisionou e nunca mais soubemos dele. Acho que morreu em uma das masmorras fétidas, devorado pelos ratos e traças. Em seu lugar, colocou seu irmão Conrado, que passou a reinar também na Germânia. Foi preciso que se tornasse grande guerreiro para defender as suas posses.

Quando venceu aquela rebelião organizada pelo seu próprio filho, celebrou de forma triunfal em Cremona, tal como os antigos imperadores romanos, com muita festa e orgia. Ele exigiu a rendição total por parte de Milão, Bréscia, Bolonha e Piacenza e, em outubro de 1238, foi forçado a fazer o cerco de Bréscia, durante o qual seus inimigos tentaram capturá-lo, em vão.

Aquelas cidades-estados eram vassalas do papa. Federico foi excomungado, então, quando ainda se encontrava em Pádua. O imperador respondeu nomeando seu filho Enzio (segundo filho do terceiro casamento) para o cargo de 'vigário imperial' para o norte da Itália. Em pouco tempo, Enzio conquistou parte dos Estados Pontifícios.

Federico tomou Veneza, Sicília e a região da Toscana, de onde ele pretendia partir para a conquista de Roma, de forma a restaurar o antigo esplendor do império. O cerco, contudo, foi em vão, e Federico voltou para o sul da Itália, saqueando Benevento, que era outra possessão papal. As cidades independentes da Itália exploravam a rivalidade entre o imperador e o papa para obterem o máximo de vantagens.

Falar resumidamente dessas conquistas e até escrever sobre elas parece coisa tão simples, mas ninguém pode imaginar o que significa vivenciar tudo isso. Ninguém pode imaginar o medo, a ansiedade e o vazio de cada alma diante da própria fragilidade. Era horrível aguardar as notícias dos saques e das mortes nas guerras pelo poder. Apesar de tudo, a trajetória humana é cheia de heroísmos, mesmo que tenhamos tido muitos erros. A estrada do progresso é longa e percorrida pelos fortes! Os fracos vão vivendo das migalhas deixadas pelos poderosos! A nossa história tem sido escrita com sangue!

Quando um novo papa foi eleito, imaginávamos que a briga entre o imperador e a igreja fosse arrefecer. No entanto, Inocêncio IV, o novo papa, foi um de seus piores inimigos. Apesar de ter assinado um tratado de paz, que nunca levou em consideração, destituiu Federico do seu título de imperador, apontando-lhe vários comportamentos heréticos, por ser "homem de costumes bárbaros, mais parecido com os 'sarracenos' e 'possuído pelo Demo', porque passou a manter um harém, no seu palácio do Monte, vigiado por eunucos".

O papa conseguiu se fortalecer contra o imperador realizando um novo concílio, conseguindo convencer, com grandes somas de dinheiro e promessas de títulos e propriedades, muitos cardeais que eram favoráveis a Federico. Todos aqueles homens gananciosos pelo poder se voltaram contra ele.

Quando Federico descobriu a trama papal para matá-lo e matar seu filho Enzo, organizou uma vingança muito cruel, perseguindo soldados do papa na cidade de Altavilla, onde eles tinham se escondido. Além de destruir toda a cidade com extrema violência, fez com que os prisioneiros fossem cegados, mutilados e queimados vivos ou enforcados.

Naquela época, matar para não morrer era uma atitude sábia, mas torturar era o diagnóstico de uma sociedade bárbara e primitiva.

Depois da morte da minha mãe, comecei a sofrer de uma doença respiratória que acabaria comigo. Uma enorme falta de ar que piorava muito à noite. Pensava que talvez fosse a punição de Deus pela minha ingratidão. Mas como viver com aquele pavor de que a qualquer momento alguém acabasse com minha vida? Sobreviver era um verbo imperativo.

Quando completei trinta e nove anos, já não conseguia mais respirar. Nas horas derradeiras da minha morte tive muitas alucinações. Via a minha mãe espreitando com um enorme punhal em suas mãos, dizendo que iria perfurar os meus pulmões, como eu havia explodido os seus!

Meu filho, um homem feito, tornara-se aliado do seu pai. Anos e anos convivendo no mesmo castelo e poucas vezes me foi dada oportunidade de conversar com meu próprio filho. Não havia mais ódio entre nós e ele me respeitava, embora não me chamasse de mãe. No meu último suspiro, depois de casados, Federico reconheceu meu filho Manfredo como seu herdeiro, em consideração a minha santa mãe.

Mesmo estando morta, acompanhei o casamento de meu filho com uma das herdeiras de Savoia, sob o comando do poderoso e quase imortal Federico II, seu pai. Estava imantada àquelas terras e àquelas pessoas. Foram momentos tão intensos e cruéis que nunca gostaria de voluntariamente recordá-los. Mas, por milênios e involuntariamente, as descrições daquele inferno se repetiam com requintes de detalhes no meu psiquismo. Posso lhes afirmar, no entanto, que nada se compara ao inferno de estar morta e viva ao mesmo tempo.

O grande imperador Federico ainda lutou por muitos anos, ora vencendo, ora tendo muitas perdas, inclusive acompanhando a prisão e a morte de quase todos os seus filhos.

Voltou ao nosso castelo para morrer seis anos depois da minha morte, no ano de 1250. Eu aguardei e presenciei a sua chegada.

O seu último filho vivo, Enzio, só morreu em 1273, ainda na prisão. Durante esse período, surgiu uma lenda segundo a qual Federico não estaria realmente morto, mas apenas adormecido nas montanhas, e um dia iria despertar e reerguer o império.

Pura ilusão! Nenhum império sobrevive ao progresso e à evolução. Nomes, títulos, posições, fortunas, tudo isso são quimeras que, do lado de cá da vida, aparecem como grandes nevoeiros talvez para proteger-nos de nós mesmos!

REENCONTRO COM MINHA MÃE

X

MESMO DEPOIS DE TER deixado o corpo, sentia o fantasma da minha mãe, que me perseguia gritando aos meus ouvidos: "Ingrata, assassina"!

Claro que eram gritos da minha própria consciência. Hoje sei que, por pior que tenha sido minha mãe, ela nunca faria aquilo comigo. A culpa que sentia não dava tréguas e era essa culpa que repetia as cenas do meu erro, criando quadros de punições que envolviam a minha mãe.

Quando se deixa o corpo físico sem estar em paz com consigo mesmo, o estado de perturbação é um verdadeiro inferno. Por mais que pedisse a minha madrinha, a 'Mãe de Deus', não conseguia uma respiração que aliviasse as dores intensas no peito. Aliás, era outro enigma que não conseguia entender, no auge do meu sofrimento, e passei a duvidar se realmente a 'Mãe de Deus' havia existido. Se ela fosse realmente a minha madrinha, ofereceria um pouco de conforto, pensava comigo.

Impossível precisar quanto tempo permaneci naquela angustiosa agonia. Corria esbaforida por todas as salas do castelo, ora me vendo dentro, ora fora dele. Desmaiava de dor e acordava desesperada com a escuridão que me envolvia. Gritava por Manfredo, por Federico, por Rigotto, pela minha ama, e ninguém ouvia a minha voz, a minha dolorida súplica.

Muitas vezes, via-me como a imperatriz, com a roupa azul e grandes anáguas caminhando de forma majestosa junto de Federico; no entanto, momento depois, ouvia fortes gritos e gargalhadas zombando de mim, fazendo um coro de pura bruxaria:

– Imperatriz por um dia! Imperatriz por um dia! Coitada, um fantoche da marquesa!

Olhava novamente para meu corpo e minhas roupas eram de trapos! Tentava fugir de mim mesma, mas as lembranças não davam trégua. O inferno realmente existia e eu estava nele.

Tempos depois, nem sei dizer como, vi-me ligada ao psiquismo de Federico, que, no campo dos seus sonhos, falava comigo:

– Saia de mim, sua bruxa maldita!

Suas palavras eram como petardos em meu peito e, quanto mais gritava de dor, mais ele se contorcia em sua cama. Acordava molhado de suor, gritando ao seu pretor que retirasse o meu espírito daquele lugar.

Dizia que era protegido por grande força das trevas e era verdade! Muitos soldados poderosos caminhavam destemidos ao seu redor, com aqueles escudos reluzentes. Quando me viam, arrastavam-me pelos cabelos e batiam muito. Apanhava até desmaiar.

A intensa escuridão se alternava com muitos gemidos que me envolviam, até que um dia, exausta e já quase sem esperança, senti os braços fortes de minha mãe dizendo:

– *Mia cara ragazza piccola, alzati, ti ho fatto una regina!*[21]

[21] Minha filhinha querida, levante-se, fiz de você uma rainha!

– *Perdonami mamma*[22] – gritei, comovida

– *Non mi tormentare bambina, sei come me, hai fatto quello che ti ho insegnato! Uniamoci per vincere ancora questa lotta!*[23] – completou minha mãe.

Choramos muito, abraçadas uma à outra. Ela enxugou minhas lágrimas e caminhamos juntas em direção ao seu quarto.

Tudo parecia como antes. Sentia-me muitas vezes dentro do seu ventre, mesmo achando ser impossível aquela sensação.

Depois que assistimos ao casamento de Manfredo e à morte de Federico, uma força enorme nos arrastou para um lugar de tratamento que estava reservado para nós. Através de técnicas apropriadas por profissionais da medicina que nos ampararam, tomamos consciência de todos os nossos erros e, a princípio, pensamos que aquelas dores seriam eternas.

Deus é Pai de misericórdia e bondade. Ofereceu-nos outras chances, que humildemente aceitamos. Só mesmo o amor de uma mãe, por pior que esta seja, seria capaz de compreender e perdoar uma filha tão ingrata!

Tivemos a oportunidade de rever caminhadas pregressas e compreender o porquê de todas as coisas. Em experiências anteriores fui, por duas vezes, mulher influente e má. A feiúra física com que reencarnei era, na verdade, muito aquém da feiúra da minha alma. No entanto, mesmo tendo sido um ser desprezível, soube perdoar e ser perdoada por aquela que mais tarde aceitou

---

[22] Perdoa–me, mamãe!

[23] Não se atormente, minha bebê, você é exatamente como eu, fez o que lhe ensinei! Vamos nos unir para vencer mais esta luta!

ser novamente a minha mãe. Apesar de tudo, ela tinha uma dívida de gratidão comigo e sempre esteve consciente disso. Quisera que todos pudessem ter acesso a esse conhecimento, essa noção de continuidade que a vida nos oferece.

Na verdade, todos podem ter esse acesso, mas nem todos desejam ou merecem essa oportunidade. As leis do Criador são perfeitas e imutáveis. Ninguém foge aos compromissos assumidos diante da lei de Deus. Fomos criados para o amor e todas as vezes que contrariamos o desejo do nosso Pai, atraímos a dor para a nossa vida.

Podemos fugir por algum tempo das cobranças da lei, mas ela sempre nos alcança, porque está registrada em nós desde sempre, em nossa consciência.

Eu, minha mãe e muito dos envolvidos nesta história gastamos um bom tempo para compreender a essência do corpo espiritual e os danos que causamos a ele quando vivemos as existências cometendo atos contrários ao amor.

Tivemos que reencarnar em caminhos diversos por duas existências para que, nesta última reencarnação no século XX, no Brasil, reencontrássemos uma à outra novamente como mãe e filha, para oferecer a Jesus o "último ceitil" e sentirmos quites com a lei de amor de Deus!

Reencarnei como sua filha única. Ela, como sempre, linda! E eu, na beleza possível. Logo na primeira infância, aos dois anos de idade, mamãe recebeu a notícia da doença que me consumiria os pulmões. Dedicou-se totalmente ao meu tratamento. Noites intermináveis de dor compunham o cenário da nossa nova história. O ar faltava-me sempre ao entardecer e eu lutava muito para respirar. Mamãe sofria muito junto a mim.

Não passava despercebido o inchaço de seus olhos. Sei que chorava muito em secreto, mas na minha presença nunca a via chorar ou reclamar de nada. Ao contrário, ela nunca desanimava, mostrava-se incansável e otimista, na esperança de que a medicina encontraria o remédio para a minha cura.

A doença fez com que o meu pai fosse embora. Não suportou as milhares de idas e vindas aos diferentes hospitais e especialistas pelo Brasil, até mesmo no exterior. Todo o seu dinheiro estava sendo diluído nos tratamentos médicos e em internações.

Novamente sem afeto de pai e totalmente dependente da minha mãe, a vida impunha a sua cobrança final. Vencemos a nossa última batalha! Retomávamos aos poucos a saúde perispiritual. O nosso perispírito se iluminava dia a dia com o sentimento de resignação e a sublimação da minha mãezinha!

É outro interessante estudo que poderíamos fazer sobre esse corpo espiritual, que nos é conferido ao sermos criados. Esse corpo determina cada morada divina depois das existências na carne, porque registra tudo, como um enorme banco de memória, reflexo natural da evolução de cada espírito.

Lutamos juntas por cada minuto na minha nova existência. Cada amanhecer era festejado com sorrisos de gratidão, porque nós duas sabíamos que a qualquer momento o meu aparelho respiratório poderia parar de funcionar. Havia sido desenganada pelos médicos aos cinco anos de idade e consegui sobreviver até os trinta e cinco anos. O prolongamento da minha vida se deu pela presença e devotamento da minha mãe.

Granjeamos muitos amigos porque pudemos exemplificar a coragem e a tolerância. Basta que pensemos no bem, que desejemos com sinceridade, tornarmo-nos melhores, para que a vida nos ampare.

Uma amiga nos levou a conhecer a doutrina dos espíritos, quando falou dos tratamentos que ocorriam na casa espírita. Estudar a doutrina e participar dos grupos de cura trouxe a compreensão, embora já presente intuitivamente, da razão de toda a nossa dor.

Conquistei também muitos amigos na universidade, onde muitos colegas se ofereciam para estudar o meu caso. Assim como o amanhecer, o entardecer era, para mim, de uma alegria imensa, porque era pleno de significado!

Ninguém faz ideia do que são as pequeninas conquistas do dia a dia quando se luta pela vida. Cada segundo é importante. A gente perde muito tempo com coisas insignificantes e só aprende a valorizar o tempo quando ele vai se esgotando.

Ao retornar à realidade espiritual, depois de tanto sofrimento, compreendi que havia consolidado a minha cura definitiva, porque meu corpo espiritual estava iluminado.

Minha mãezinha precisou ficar mais tempo encarnada. Era preciso resgatar o meu pai, já que ela se sentia culpada por ter sido abandonada por ele. Até porque, como ela dizia, ele foi abandonado primeiro.

Logo que compreendeu a gravidade da minha doença, minha mãe dedicou-se inteiramente a mim, abandonando os seus deveres de esposa. O meu pai realmente não suportou a prova, que, aliás, não era mesmo dele.

Não sem razão os Evangelhos registram esta frase de Jesus, que muito tem a dizer sobre isso:

– Concilia-te depressa com o teu adversário, enquanto estás no caminho com ele, para que não aconteça que o adversário te entregue ao juiz, e o juiz te entregue ao oficial, e te encerrem na prisão. Em verdade te digo que de maneira nenhuma sairás dali enquanto não pagares o último ceitil.

As palavras claras do nosso Mestre eram vividas por minha mãe. Ela tinha necessidade dessa reconciliação com meu pai, enquanto estavam a caminho, a fim de evitar que condições desfavoráveis os surpreendessem em outro momento.

EPÍLOGO

A VIDA É FEITA de histórias, muitas histórias. Todas reais. Cheguei a pensar que a imaginação fosse totalmente irreal e a dimensão dos cinco sentidos, o mundo verdadeiramente real. E ainda que esse mundo, considerado o único real, estava distanciado e protegido da não realidade, do sonho, do imaginário...

Hoje, no entanto, sei que esses planos se interpenetram e não existe uma linha limítrofe entre a fantasia e a realidade. Tudo é vida. Tudo é verdadeiro. Tudo tem significado... A mais estranha imaginação pode ser tão real quanto um copo de leite quente que se toma antes de dormir...

Pude retornar também a outras existências que antecederam a encarnação em que recebi o nome de Bianca e, em todas elas, as escolhas feitas foram de abusos e exageros. Na existência imediatamente anterior a esta, como Bianca, joguei fora todas as oportunidades de construir o amor e a paz. Fiz opção pelos prazeres do corpo e a volúpia do poder. A oportunidade de renascer feia e rejeitada poderia ter sido a grande ponte para dimensões melhores, mas fracassei.

Como nenhuma experiência é perdida e sempre progredimos um pouco, naquela existência de dor criei alguns novos vínculos, que me permitiram renascer como Gregory, o mais belo esgrimista londrino. Retornei à Terra quinhentos anos depois e vivi por pouco tempo como esgrimista da rainha Elisabeth. Fui um jovem acolhido por uma família londrina importante. O nobre cavaleiro, cujo nome prefiro omitir, apaixonou-se por mim e me fez seu melhor discípulo e amante. Muito cedo aprendi a arte de esgrimar. A vida é contínua e grandiosa, e sempre a retomamos do ponto onde foi interrompida. Como fui do sexo feminino na existência precedente, os impulsos da feminilidade eram latentes em meu psiquismo, não passando despercebido a ninguém. Caminhei conformado em profunda solidão, embora nunca tenha me faltado amigos. Fui rejeitado por mim mesmo, pois me sentia uma alma feminina em corpo masculino.

Não conheci, naquela existência, os meus pais, que me entregaram a um santuário de carmelitas logo que nasci. Aprendi rapidamente os segredos da esgrima, mas ainda não tinha compreendido os segredos da minha própria trajetória de vida. Hoje sei. Quem sabe, em uma nova oportunidade, conto essa interessante experiência encarnatória? Por ora, ela não nos interessa. Até porque foi uma experiência cheia de significado apenas para mim. Existência muito curta, onde talvez as minhas abundantes lágrimas tenham lavado um pouco dos pontos comprometidos do meu corpo perispiritual, servindo para o progresso de alguns companheiros que me escravizaram aos seus vícios.

Depois dessa empreitada, reencontrei todos os personagens da minha personalidade em d'Agliano. Cada um de nós havia percorrido caminhos diversos de redenção e resgate! No entanto, os registros das nossas consciências não nos dariam trégua enquanto não tivéssemos o propósito de reescrever aquela antiga caminhada feita nas terras italianas. Agradeço a oportunidade de compartilhar esse que foi um dos grandes equívocos da minha vida e que nos levou ao Brasil, em uma reencarnação anônima e redentora.

Assim, quero dizer aos meus amigos dessa última romagem na carne que tudo valeu a pena. Todos que me conheceram, testemunharam como lutei e valorizei cada segundo do meu tempo na Terra. Todos tinham envolvimento com aquele passado de equívocos!

Hoje, sou muito feliz. Tenho ainda um corpo frágil, mas 'duas asas' fortes que me permitem voar a lugares maravilhosos que nenhuma mente, por mais imaginativa que seja, seria capaz de descrever.

Muito obrigada por essa oportunidade de falar um pouco sobre a dimensão fantástica da vida. Afirmo-lhes que cada ser humano é herdeiro de si mesmo. As aparentes injustiças são oportunidades de libertação. Aprendamos definitivamente a não nos queixarmos de nada. As queixas diminuem a vida, a gratidão a amplia.

Agradeçamos sempre cada caminhada, por mais dolorosa que ela possa ser. O tempo na Terra representa apenas uma fagulha, um estalar de dedos diante da imortalidade.

O afeto verdadeiro é o verdadeiro céu. Quando me aproximo daqueles que amo, as energias do meu corpo vibram como se meu coração pudesse pulsar com o coração do Senhor do Mundo. D'Ele emana toda força e todo o amor. Quando se aprende a amar os semelhantes, habilita-se a mente a ouvir as músicas celestiais, os sons divinos. O laço de afeto construído, aqui na Terra ou alhures, não se romperá nunca! Obrigada, muito obrigada...

Talvez a leitura destas linhas ainda desperte algumas curiosidades, insistentes como o nosso desejo de aprender para o engrandecimento da alma. Por exemplo, por onde andará Federico? Que terá feito, ao longo desses séculos, dono como era de uma inteligência singular?

Ele, figura importante e grande personalidade nos palcos terrenos, ainda luta muito para merecer outros retornos à Terra. Naquela época em que estivemos juntos, suas conquistas foram muitas, porque ele fora um homem forte e empreendedor, apesar dos costumes e das leis perversas da sobrevivência naquele estágio evolutivo.

Por isso, almas caridosas, que lutam para o progresso do mundo, trabalharam muito para que ele pudesse recomeçar em reencarnações obscuras e pobres, a fim de reajustar-se com a própria consciência e, ao mesmo tempo, dar exemplo de dinamismo e capacidade de luta aos seus irmãos mais ignorantes.

Já tomei conhecimento de algumas dessas existências, mas não me cabe falar sobre isso. Só ele mesmo, no futuro, poderá relatar. Quanto mais importante foi o personagem nos palcos do mundo, mais dúvida desperta nas pessoas. Ainda mantemos a nossa mente presa às posições sociais do mundo, e imaginar que um imperador poderia vestir os trajes de um mendigo soa muito falso. Ledo engano!

Quanto a mim, na realidade espiritual em que me movimento, não há muito que possa relatar. Muitos fatos não devem ser revelados a fim de não influenciarem, de forma negativa, os reencontros programados para uma nova existência, pois tudo indica que os personagens principais desta história retornarão juntos.

No entanto, fui muito amparada por aqui, mas em estadas pequenas, porque a misericórdia divina age dessa forma quando a consciência do individuo está obnubilada por erros e não suporta conviver com as próprias culpas. A reencarnação age como uma trégua, um período de repouso e refazimento.

Aqui, busquei fazer das minhas lembranças um ato de muito amor a todas as almas queridas que permanecem na retaguarda. Quem serão elas? Só Deus poderá revelar! Quem sabe não é você, que lê estas linhas e, tal como eu, sente a emoção do fim de uma história que não tem fim...

O importante é que esta experiência, como deve ser com toda experiência, represente inspiração para as novas escolhas que a vida nos convida a fazer. Afinal, as decisões de um dia podem definir uma infinidade de dias, sobretudo para quem, como eu, foi imperatriz por um dia!

POSFÁCIO

Por que uma onda de possibilidade?

E sem nenhuma lembrança
Das outras vezes perdidas,
Atiro a rosa do sonho
Nas tuas mãos distraídas.

Mário Quintana
(*Canção do dia de sempre*)

O GRANDE MESTRE DA antiguidade, Platão, deixou escrito que a experiência na Terra se assemelhava a um teatro de sombras. Segundo ele, era como se estivéssemos em uma caverna acorrentados a cadeiras, onde poderíamos enxergar apenas uma parede, sobre a qual a luz de fora projetava as sombras dos objetos reais. O homem pensava, então, que as sombras dos objetos eram os objetos. Assim, ainda hoje, afirma a comunidade cientifica: a humanidade acredita que as sombras são a realidade...

Estudiosos da alma humana afirmam que a causa das nossas ações está atrás da personalidade, nos arquétipos, isto porque a realidade do ser é movida pelas programações armazenadas em seu subconsciente. Para uma pessoa formada em matemática e física, sempre voltada para o mundo da racionalidade, confesso que tive que me render às evidências que se apresentaram em minha vida de forma convincente, ou seja, o mundo real não é o que é visível; ao contrário, somos movidos pelo invisível, do micro ao macrocosmo.

A realidade é totalmente subjetiva, dependendo da possibilidade de ver de cada observador. Só vemos aquilo que as nossas crenças permitem. Interessante, não?

Não faz muito tempo que as pessoas tentavam provar a existência da alma, demonstrando que um corpo perde peso no momento da morte. Concordo com a vertente de estudiosos que coloca essa teoria como insuficiente para provar a existência da alma, uma vez que ela viola o princípio da conservação de energia. Segundo a física quântica, a energia é conservada no mundo físico (algo semelhante ao "nada se perde, tudo se transforma"). Decartes,[24] no seu *O discurso do método*, disse que poderíamos duvidar de tudo que estivéssemos vendo ou ouvindo, só não poderíamos duvidar da própria dúvida: "*Cogito ergo sum*", ou seja, penso logo, eu existo!

A dúvida é importante na pesquisa científica, mas é também, e ao mesmo tempo, um grande empecilho às pesquisas do mundo extrafísico, porque são muitas as

[24] René Descartes (La Haye en Touraine, 31 de março de 1596 – Estocolmo, 11 de fevereiro de 1650) foi um filósofo, físico e matemático francês. Durante a Idade Moderna, também era conhecido por seu nome latino Renatus Cartesius. "*Cogito ergo sum*", dualismo cartesiano, dúvida metódica, sistema de coordenadas cartesiano, argumento ontológico para a existência de Deus, considerado o fundador da filosofia moderna.

experiências que acontecem além dos cinco sentidos. Nós todos fomos condicionados a acreditar na possibilidade apenas dos cinco sentidos conhecidos.

Afinal, vemos com os nossos olhos ou com a nossa mente? Como se explica a visibilidade? Uma cadeira, ou qualquer objeto do nosso cotidiano, tem a capacidade de refletir a luz para os nossos olhos, por isso os enxergamos. A imagem é processada na mente. Então, a resposta é simples: o que vemos é gerenciado pela mente. Será que habitantes de dimensões diferentes, invisíveis aos sentidos conhecidos, poderiam emitir um sinal ou refletir a luz, permitindo aos olhos humanos captá-los?

Edwin Abott, físico e matemático inglês, escreveu um livro para provar a quarta dimensão.[25] Há muita gente que afirma ser capaz de ver os espíritos e a comprovação dessa afirmativa se torna complicada, porque essa visão naturalmente não acontece através dos olhos físicos. Da minha parte, posso afirmar que os vejo dentro da minha cabeça. Eu os sinto e vejo no meu campo mental. Os céticos então dizem que pode ser uma alucinação, uma indigestão, um problema de visão... Aí é que está a dificuldade, porque realmente poderia ser tudo isso.

Então, as perguntas que não querem calar são: existe mesmo a alma? Algo sobrevive à morte do corpo? Somos seres interexistentes que habitam mais de uma realidade simultaneamente? Sim, é a resposta mais coerente. Existe uma alma que sobrevive à morte do corpo físico e que efetivamente reencarna em outro corpo, formando um *continuum*. Essa teoria se justifica com as pesquisas avançadas da energia nuclear. Vamos tentar entender?

[25] Tradução em português: *A Planolândia*.

No século XIX, os físicos pensavam que a matéria estava sempre localizada, viajando segundo trajetórias bem definidas, e a luz era sempre semelhante a uma onda, dispersa, capaz de estar em mais de um lugar ao mesmo instante. Essa ideia trouxe-lhes anomalias e paradoxos. Assim, surgiu o conceito de *quantum*.

A palavra *quantum* significa "pequena quantidade" ou "quantidade discreta". Por exemplo, um *quantum* de luz, que a física chama de fóton, é uma quantidade discreta e indivisível de energia, um feixe de energia localizada. Assim, os físicos puderam constatar que a luz tem uma natureza de partícula além da natureza de onda e, por conseguinte, a matéria tem também a natureza de onda, já que a recíproca pode ser verdadeira...

Os objetos quânticos existem como superposição de possibilidades. O físico pesquisador americano Amit Goswani[26] afirma:

> Se uma possibilidade em particular tem uma grande chance de se tornar real, graças à observação, então a onda de possibilidade também é forte; quando a onda é fraca, é pequena a probabilidade de que sua possibilidade correspondente se torne real. Um exemplo ajuda a esclarecer a questão. Suponha que libertamos um elétron dentro de um recinto. Em instantes, a onda do elétron se espalha pelo lugar. Agora suponha que montamos uma rede de detectores de elétrons, chamados contadores Gêiser, nesse recinto. Será que todos os contadores acusam

[26] *A física da alma*, Amit Goswami.

> alguma coisa? Não. Só um dos contadores detecta o evento. Conclusão? Antes da observação, o elétron efetivamente se espalhou pelo cômodo, mas apenas como uma onda de possibilidade. E a observação fez com que a onda de possibilidade se tornasse um evento real. A mecânica quântica é um cálculo de probabilidades que nos permite analisar a probabilidade de cada possibilidade em dada situação dinâmica. A probabilidade gera a incerteza. Não podemos mais conhecer o paradeiro de um objeto com certeza. O movimento de objetos quânticos está sempre envolvido pela incerteza.

Eureka! Disse para mim mesma. No microcosmo, até onde conhecemos, todas as ondas quânticas de possibilidade transcendem o tempo e o espaço, porque elas existem a partir do observador e da qualidade da observação. Assim, o que é potencial pode ser mais real do que aquilo que é manifestado.

Trazendo esse raciocínio para o nosso trabalho, pergunto: quantas 'Biancas' existiram ao longo da história da humanidade? Milhares! Mas tal como um contador de elétrons, o meu universo pessoal registrou uma 'Bianca' que oferece grande possibilidade de ter sido a individualidade que esteve conosco durante todo esse trabalho. Dessa forma, percebemos que a dimensão invisível pode ser muito mais real do que essa realidade que vemos e que existe apenas no tempo. Enquanto o corpo físico visível representa possibilidades que sempre precisam se manifestar dentro de uma estrutura localizada, com início finito e término finito, a alma representa possibilidades e potencialidades, que não se restringem a uma estrutura localizada na manifestação.

Direcionando a lente de observação para além dos cinco sentidos, conectamos com uma realidade muito pouco explorada, uma dimensão fantástica, a que a dinâmica quântica confere uma potencialidade inesperada... A alegoria da caverna de Platão faz sentido, porque nos remete à possibilidade de enxergar além das sombras. Aquilo que pensávamos sobre a realidade, o mundo físico dos cinco sentidos, corresponde às sombras da caverna, e o verdadeiro mundo real é a luz que emana de dentro de cada individualidade, que sobrevive ao tempo e caminha universo afora.

Conheci uma mulher maravilhosa, que posteriormente se tornou minha amiga. Ela foi a inspiradora deste livro, ao contar a heroica saga de sua filha contra uma doença terrível, que interrompeu sua vida na Terra. Achava interessante o seu projeto e sempre a incentivava, dizendo-lhe da beleza do livro que poderia consolar e orientar muitas pessoas que talvez tivessem vivenciado problemas semelhantes. O mais incrível é que em nenhum momento pensei em participar do projeto.

Os anos se passaram e comecei a ter sonhos recorrentes com uma personagem que teria vivido alguns séculos atrás, chamada Bianca Lancia d'Agliano. Insistia em me contar, com dados surpreendentes, uma de suas existências na Terra. Teria alguma relação com a filha da minha amiga? Pensei bastante a respeito e encontrei coragem para entregar-lhe os escritos ditados pelo espírito. Solicitei a ela que fosse bem sincera comigo, caso reconhecesse alguma possibilidade daqueles escritos virem a ser de sua filha em encarnações pregressas. Como não a conheci nesta existência, em nenhum momento eu poderia afirmar que aquela personalidade tivesse alguma semelhança com ela.

Depois de alguns meses, ela disse que não conseguia ver, naquele personagem, a sua querida filha. Fiquei feliz em contar com a sua sinceridade, porque a mediunidade é ainda um campo muito desconhecido e podemos nos enganar, muitas vezes. Mas foi a proximidade com sua linda história que nos trouxe Bianca Lancia. Só mesmo o futuro poderá nos dizer se existe alguma ligação entre as nossas famílias. Como tenho sido visitada por muitos espíritos ligados à Idade Média, quero crer que são verdadeiros reencontros no tempo. Eu poderia ter sido alguma personagem ligada a Bianca? Algum dos meus familiares? Sinceramente, não sei responder a essa questão. O que acha você, leitor(a)?

O mais importante de tudo isso é a lição de imortalidade que se patenteia. A certeza da imortalidade nos engrandece como seres humanos. Pode existir uma interessante e excelente possibilidade desse espírito ter retornado neste século...

O sábio filósofo chinês Confúcio emitiu o seu canto de amor à vida, em torno de 552 a.C.:

> Quer saber da morte?
> Bem, pouparei meu fôlego.
> Quando você conhecer a Vida, e só então,
> Tornaremos a falar da Morte.[27]

---

[27] Retirado de *A fisica da alma*, de Amit Goswami.

Não se pode perder o fôlego repetindo o óbvio, não é verdade?

Como disse Jesus: "Vim para que todos tenham vida, e vida em abundância!", ainda completando: "Deixai que os mortos enterrem os seus mortos". Ora, como poderia um morto enterrar outro morto? Avaliamos que o Mestre se referia à questão da subjetividade. Se o indivíduo crê na morte, que chore, pois, pelos seus mortos; porém, se acredita na Vida, ela se torna muito maior do que "uma breve história no tempo", como comprova o grande físico da atualidade Steven Hawking.

Confúcio tinha razão quando, há dois milênios, convidou seus discípulos a conhecerem verdadeiramente o que é a Vida, porque a morte, segundo ele, é apenas uma das faces dessa possibilidade maravilhosa que se chama 'viver'.

Buda, também ainda jovem, aos vinte e nove anos, transpôs os muros da sua personalidade para entender e ensinar que a natureza humana transcende a vida na Terra.

Jesus conversou com Moisés e Elias, estando ele na Terra e os dois amigos na dimensão espiritual. O que teriam para combinar, senão como nos transmitir esse importante conhecimento sobre a imortalidade da alma?

Bianca vive em mim, em você e em cada personagem que chega ao meu consultório para relatar a fantástica história de sua vida. Qualquer uma delas poderia ter sido a nossa Bianca de volta. Como ter certeza? Mas para quê ter certeza?

Agora que conheceu Bianca, você pode dizer se conviveu com alguém cujo sofrimento se assemelha a um possível resgate dela? Quem sabe se Bianca esteve ao nosso lado, refazendo caminhadas de outrora, como ela mesma disse, e nem nos demos conta disso?

Essa fantástica natureza humana nos emociona sempre! Que linda é a vida que se espraia em todas as direções, marcando lugares e driblando o tempo!

Obrigada, meu Deus!

PELOS CAMINHOS DE BIANCA

O APOIO DE JOSÉ Luiz Brandão, o meu marido, foi fundamental para que eu pudesse conhecer a ambiência onde aconteceram todos esses fatos, sentindo em meu próprio psiquismo, 'ao vivo e a cores', um transporte psíquico até aqueles tempos.

Assim, de coração aberto e muitos planos, fomos para Itália e percorremos muitos quilômetros de carro, na grande expectativa de receber, através da mediunidade, mais algum dado desta fascinante história.

Chegamos a Milão no dia 12 de setembro, às 14 horas, hora local (cinco horas à frente da nossa) e alugamos um carro para realizar a grande aventura de atravessar o país de norte a sul e alcançar a região chamada Puglia, onde ocorreram os fatos mais importantes da vida da autora.

Iniciamos a nossa viagem pelo norte, na região da Lombardia, e fomos à cidade chamada Como para nos inspirarmos na beleza do lago cujo nome fez parte da minha juventude, vivida nos conservatórios de música das cidades onde morei: "Le lac de Come". Essa música, que comecei a tocar em torno dos meus treze anos de idade, tinha a autoria de Mme. G. Galos, registrada na partitura que adquiri. No entanto, nunca havia lido nada sobre essa 'autora', pois supunha ser uma mulher.

Depois dessa viagem, fomos informados que G. Galos ou Giselle Galos pode ter sido do sexo masculino. Compositor do século 19 (provavelmente italiano ou talvez francês) cujo nome está associado a dois grandes sucessos da música de salão, "*Le chant du Berger*" (Nocturne Op . 17) e "*Le Lac de Come*" (Op. Nocturne 24), ambas as peças em forma de fáceis noturnos.

Que alegria nós sentimos em estar diante daquele lago! Muito maior do que imaginávamos e simplesmente lindo! É o terceiro maior lago da Itália, com cento e quarenta e seis quilômetros quadrados.

Os acordes da música que tantas vezes ensaiei vibravam em minha mente ao navegar em suas águas mansas e azuis, junto a italianos nativos e turistas, dentro do barco de passageiros que liga as cidades mais importantes.

O formato do lago é impressionante, porque tem o desenho de um 'Y'. As cidades de Como e Lecco situam-se nas partes sudoeste e sudeste, respectivamente. As pequenas cidades de Bellagio, Menaggio e Varenna (as mais visitadas pelos turistas) estão situadas na intersecção dos três ramos do lago e podem ser facilmente acessados através de barcos e balsas. Como são belas, especialmente Bellagio, que é toda montanhosa!

Estava vivendo uma poesia de amor com a natureza. O vento, que movimentava os meus cabelos, parecia conter tantos segredos que até podia ouvi-los. A paisagem ao redor nos abraçava com a sua beleza organizada e cheia de ternura! O lago é circundado por montanhas altas, talvez acima de dois mil de altura e por serras baixas bastante floridas e arborizadas. As cidades maiores concentram-se nos vales mais largos e nas planícies ao seu redor. A voz de Bianca ecoava em minha mente:

– Seja bem-vinda à *mia bela Itália*!

* * *

Ficamos hospedados em um hotel chamado "Tre Re" (Três Reis).

No referido hotel, aconteceu o primeiro contato com a realidade espiritual italiana. Acho interessante relatar que o meu marido é católico e oferece resistência às informações mediúnicas. Mas, neste caso, também muito se surpreendeu, porque o fato ocorrido não deixou a menor dúvida.

Na primeira noite, durante o transe do sono, recebi a visita de um espirito dizendo ter sido um corsário. Homem baixo e forte, com um enorme bigode, dizia, com riqueza de detalhes, que no passado teria feito parte de um grupo de piratas que havia atacado aquele hotel, que naquela ocasião (Idade Média) havia sido um convento.

Disse ainda que havia mudado o rumo de sua vida e que, naquele momento, tinha recebido uma missão de nos acompanhar e nos ajudar na empreitada que iríamos enfrentar ao viajarmos para o sul da Itália.

No dia seguinte, assim que acordamos, contei todo o sonho para o José Luiz, porque me sentia segura e feliz, tendo a certeza de que estávamos fazendo a coisa certa. O marido então sugeriu que perguntássemos à senhora da portaria se no hotel havia registros sobre a sua história, pois percebemos ser uma construção muito antiga, pela altura e grossura das pedras que compunham as paredes.

A senhora nos deu um encarte que, entre outras informações, dizia:

> *L'Hotel Ristorante Tre Re è um albergo nel centro di Como, a 100 metri dal lago, all'interno dell'ísola pedonale, al riparo dal rumore del traffico. Dotato di ampio parcheggio gratuito a esaurimento posti, è facilmente raggiungibile. La struttura, recentemente restaurata, è nata in um antico edifício, chel nel médio evo ospitava um convento, la cui architettura è encora leggibile negli interni del palazzo. É dotato di 48 camere...*[28]

Assim, para surpresa nossa, se confirmou a informação do espirito. Eu agradeci mentalmente e também a Jesus pela ajuda espiritual que já se evidenciava.

No dia 14, saímos da região da Lombardia e viajamos para o sul, passando pela região de Marche, onde Federico II havia nascido, na cidade de Jesi, província de Ancona, e fotografamos a região onde ainda se viam enormes fazendas de oliveiras. Fomos acompanhando o mapa da Itália e atravessamos a região de Abruzzo,

[28] O Hotel Restaurante Três Reis é um hotel no centro de Como, a cem metros do lago, dentro da área de pedestres, longe do barulho do trânsito. Equipado com amplo estacionamento gratuito, embora limitado, é facilmente acessível. A estrutura, recentemente restaurada, nasceu em um edifício antigo, que na Idade Média abrigava um convento, cuja arquitetura ainda é percebida no interior do edifício. Possui quarenta e oito quartos ...

Molise, até chegarmos à grande região de Puglia (vide mapa regional da Itália).

Logo que entramos em Puglia, depois de mais de quatrocentos quilômetros em rodovia segura e muito bonita, buscamos conhecer o Castelo Fiorentino citado por Bianca.

Na sua narrativa, havia-nos dito que este castelo ficava na parte mais alta da província de Torremaggiore. Essa região, na sua parte mais alta, é hoje uma cidade cercada por fazendas de oliveiras e parreiras. No entanto, é muito pouco importante na Puglia e conserva a sua tradição totalmente rural na plantação de azeitonas e uvas.

As ruínas que identificamos como "cidade Imperial", citada por Bianca, está toda cercada para ser restaurada. Fotografamos a placa que identifica as ruínas ao lado de um castelo menor, também em ruínas. Ficamos muito felizes com o achado, já que tivemos dificuldade com o GPS que não nos ajudou a encontrá-lo, talvez porque, como ainda não tivesse sido restaurada a cidade imperial, as ruínas não constavam nos mapas turísticos.

Entramos na região dirigidos pelas informações de Bianca. Naquela zona rural, não conseguimos encontrar qualquer pessoa que pudesse nos informar, com precisão, o local do sítio arqueológico.

Finalmente avistamos uma parte de um castelo destruído e uma onda de felicidade me envolveu sem mesmo ter a certeza de que fosse o local correto. Desci do carro disposta a fotografar tudo que via no castelo e ao seu redor, enquanto o meu marido tentava encontrar um lugar seguro para estacionar o carro alugado, nos arredores do sitio.

Uma chuva repentina e torrencial nos surpreendeu e nos molhou inteiros. Estava tão feliz que nem me importava de estar totalmente encharcada pelas águas da chuva. Estranhamos, porque estava um céu azul e um bom tempo. “São as chuvas de verão!”, exclamei, feliz!

Mas as surpresas não terminaram aí. Meu marido, apavorado pela violência do temporal, gritava para nos abrigarmos no carro.

Saímos correndo e entramos no veículo, totalmente encharcados, mas felizes por termos conseguido algumas fotos antes da tempestade.

Sem mais nem menos, apareceu um trator enorme vindo em nossa direção totalmente desgovernado. Se ele tivesse batido em nosso carro, não sobreviveríamos, porque era muito grande. Além disso, a velocidade do trator era tanta que não daria tempo sequer de sair do lugar onde estávamos. Chamei por Jesus em voz alta e o trator bateu com extrema violência na árvore e no poste que estava bem à nossa frente, derrubando o poste em cima de uma parede e arrancando a árvore pela raiz.

Ficamos, por alguns momentos, em estado de choque. Interpretamos o acidente como um aviso dos espíritos contrários a Jesus, que gostariam de nos assustar. Meu marido gastou um tempo para se sentir seguro novamente; estava mesmo muito assustado.

Imediatamente lembrei do corsário. Talvez naquele sonho ele tivesse nos prevenido sobre o acidente e eu não houvesse decifrado direito a sua mensagem. Fiquei muito agradecida a ele!

Antes de conhecer a região de Puglia, não tinha percebido a grandeza histórica de Federico II. Toda a região de Puglia tem obras feitas ou iniciadas por ele.

Seguimos viagem, depois de nos sentirmos refeitos do susto, em direção ao novo castelo citado por Bianca.

O Castelo do Monte estava ainda muito distante, porque a região de Puglia é imensa. Dormimos em um hotel na cidade chamada Rimini. Cidade de veraneio às margens do mar Adriático, muito organizada e bonita. Lá, soubemos que Federico também havia passado por aquela cidade e construído um castelo. Não o visitamos, porque Bianca não o citou no livro. Eram tantos os feitos de Federico que realmente não conseguiríamos ver tudo.

A nossa próxima meta era seguir para o Castelo do Monte e partimos cedo para o sul da Itália.

Sendo uma longa distância de viagem, precisamos nos hospedar novamente em mais uma cidade que meu marido intuitivamente escolheu – a cidade de Baretta. Digo que ele foi intuído porque, na referida cidade que tanto nos encantou, existe também um castelo construído por Federico II e é onde se encontra o seu único busto em toda Puglia. Não sabíamos disso até chegarmos lá – parecia que uma força espiritual nos conduzia...

Através do livro de um historiador local, tomamos conhecimento dos muitos castelos construídos por Federico e algumas lendas a respeito de sua vida com Bianca. Em Baretta, conhecemos o "Colosso", uma estátua de bronze de cinco metros de altura que, segundo alguns historiadores, talvez tenha sido levada a Baretta por Federico II.

Seguimos para o Castelo do Monte.

A beleza desse castelo muito nos impressionou, porque, apesar de ter sido todo saqueado em seu revestimento de mármore grego e pedras preciosas, mantém-se soberbo e lindo.

Fica em uma colina enorme na região de Andria. Lá, tive a intuição de que Bianca havia ditado a sua história não só para fazer justiça ao grande imperador, como também para esclarecer algumas lendas lá contadas.

Uma das lendas é que ela fora aprisionada pelo Federico em uma daquelas torres porque ele havia desconfiado da sua fidelidade. Na ocasião em que fora presa por ele, cortou um dos seios e o enviou em uma bandeja de prata para o imperador.

Depois de receber detalhes de sua vida contada por ela mesma, pode-se concluir que essa narrativa não poderia ser verdadeira. Segundo a história, ela tivera ainda mais duas filhas, além de Manfredo.

Constatei também, ao vivo e a cores, que o formato do Castelo fora realmente inspirado pelo seu grande amigo astrólogo Guido Bonatti, no intuito místico de receber notícias do cosmos, daí a forma octogonal, como tão bem relatou Bianca.

Essa forma octogonal era considerada pelos antigos como geometria sagrada. E é muito impressionante quando se chega ao meio do vão octogonal central – o maior deles – e se olha para o céu. A sensação é de que o céu está mesmo mais próximo. Não pude observar à noite, mas deu para imaginar como seria belo.

Bianca, no entanto, relata que, depois, se tornou ponto de encontro com diferentes tipos de mulheres, com a anuência da igreja, pelos serviços prestados nas cruzadas.

Retornamos da viagem passando pelas regiões italianas voltadas para o oceano Atlântico. Na região da Úmbria, fomos a Assis (onde tive também alguns registros psíquicos no santuário de Francisco e Clara, mas que não vem ao caso). Depois, chegamos à Toscana, para rever Florença e Siena. Florença, além de linda, é um verdadeiro museu aberto, que nos remeteu ao livro *A memória e o dom*, na figura de Cósimo de Médici, quando convocou artistas de toda a Itália para embelezar Florença.

Seguimos viagem para a região do Lacio, onde Bianca foi morar no castelo dos seus avós paternos, herança de seu pai, que, depois de casado, levou sua família para lá. Foi emocionante constatar as descrições que Bianca faz sobre o seu castelo de Fondi.

Não estivemos no Castelo, mas na região do Castelo, nas escarpas e nos penhascos... Sentimos também toda a atmosfera da região onde se encontrava a igreja de Sant'Andréa d'Agliano, que dera origem ao seu nome, às margens do rio Tigre. Ficávamos ainda com aquela sensação de que o vento nos falava aos ouvidos e os monumentos históricos nos abraçavam, acolhendo as nossas vibrações de gratidão.

Essa viagem nos proporcionou conhecer toda a ambiência onde se desenvolveu a história deste livro e nos deu a certeza de que o tempo, na realidade espiritual, é bem diferente do tempo que contamos enquanto encarnados na Terra. Mais de setecentos anos nos separavam da sua história; no entanto, estávamos ali, sentindo a sua presença em cada volta da estrada, em cada ruína, na música do vento ou no carinho do sol.

Tudo passa, mesmo; mas as coisas falam, porque as emoções ficam! Aliás, parecia ter sido ontem que tudo aquilo havia acontecido. A gente se transporta, entra na história, e o significado da existência se amplia, agiganta-se, ao mesmo tempo em que a gente se sente muito pequenino diante dos fatos que se escancaram diante de tanta perplexidade.

Ontem, hoje, amanhã... pura ilusão! O que existe é a essência divina dentro de cada um de nós. A única coisa real e definitiva é o amor. Tive o privilégio de conhecer Bianca, de compartilhar com vocês a história dessa alma linda, que cometeu muitos equívocos na personalidade de Bianca, mas que hoje é um espirito liberto, a oferecer seu carinho e suas orações para que possamos errar menos.

Querido leitor e leitora, é chegado o momento! É hora de despertar! Busquemos os valores que tenham significado diante da grandeza universal. Ouçamos as vozes que ecoam dentro do nosso coração; são os anjos dos céus, chamando-nos para Deus! Até breve, minha amiga Bianca!

Leila Brandão

ÁLBUM DE FOTOS DA ITÁLIA

MAPA REGIONAL DA ITÁLIA

A – Como – região da Lombardia.

B – Augusta Taurinorum, atual Turim. Região de Piemonte.

C – Castelo Fondi, Região do Lacio.

D – Castelo do Monte – província de Andria – região de Puglia.

E – Castelo Fiorentino – provincia de torremaggiore – região de Puglia.

F – Jesi – Provincia de Ancona na região de Marche – cidade onde Federico II nasceu.

Subindo para Torremaggiore – fazendas de oliveiras

Chegamos na cidade

Ruínas do castelo menor na colina de Torremaggiore

Outra vista do que ainda resta do castelo

Talvez a entrada do castelo. Não havia ninguém para nos informar

Vista lateral do castelo

Sítio arqueológico fechado para restauração

Vista da cidade de Baretta tirada do castelo construído por Federico

Castelo de Baretta

Único busto de Federico II em toda Puglia

A subida para o castelo do Monte

A entrada para o castelo do Monte

O vão central onde se vê o céu

Janela de uma das oito salas

Arredores do castelo do Monte

Esta edição foi impressa, em abril de 2018, pela Assahi Gráfica e Editora Ltda., de São Bernardo do Campo, SP, para o Instituto Lachâtre, sendo tiradas duas mil cópias, todas em formato fechado de 140x210mm. Os papéis utilizados foram o off-set 75 g/m² para o miolo e o cartão supremo 250 g/m² para a capa. O texto principal foi composto em Berkeley LT 13/15 e as citações e notas de rodapé em 11/13,2. A programação visual da capa foi elaborada por Fernando Campos.